The Influence of Chinese and English Speakers' Space Perception on Online Sentence Processing

汉、英母语者空间感知倾向对句子在线加工的影响

杨 丽 著

首都师范大学出版社
CAPITAL NORMAL UNIVERSITY PRESS

图书在版编目(CIP)数据

汉、英母语者空间感知倾向对句子在线加工的影响 /杨丽著. —北京：首都师范大学出版社，2018.11

ISBN 978—7—5656—4838—0

Ⅰ. ①汉…　Ⅱ. ①杨…　Ⅲ. ①汉语—对比研究—英语
Ⅳ. ①H1②H31

中国版本图书馆 CIP 数据核字(2018)第 258958 号

汉、英母语者空间感知倾向对句子在线加工的影响

杨　丽　著

责任编辑　杨林玉　　　　封面设计　郑　珐

首都师范大学出版社出版发行

地　址　北京西三环北路 105 号

邮　编　100048

电　话　68418523(总编室)　68982468(发行部)

网　址　cnupn. cnu. edu. cn

印　刷　北京九州迅驰传媒文化有限公司

经　销　全国新华书店

版　次　2018 年 12 月第 1 版

印　次　2018 年 12 月第 1 次印刷

开　本　890mm×1230mm　1/32

印　张　5. 125

字　数　124 千

定　价　30. 00 元

前　言

本书是一本跨认知语言学及实验心理学领域的理论专著。具体考察东、西方本族语者在背景—图形认知次序上是否具有不同的差异，以及这些认知次序上的特征是否影响东、西方本族语者对母语以及二语的在线加工。书中呈现的四项实验是以汉、英本族语者为受试，用心理学实验方法考察汉、英本族语者空间感知方式的倾向性特征，及其对语言在线加工的影响，同时提出并验证“空间感知方式影响语言加工”假说。该研究检验并发展了认知影响语言的理论，同时书中的研究可为观察和解释汉、英本族语者及汉、英双语者在与背景—图形这对空间概念相对的语言在语序上的表现提供依据；为第二语言学习者语序方面语误的认知机制提供解释；为提高学习者对第二语言的理解精准度，提升第二语言学习者对目标语使用的质量做出了贡献。

本书通过四项心理学实验，重点回答三个问题：1)汉、英本族语者空间感知方式各有何倾向性特征？2)汉、英本族语者空间感知方式的倾向性特征是否影响母语在线加工？3)汉、英双语者空间感知方式的倾向性特征是否影响二语在线加工？203 名汉语本族语者及 129 名英语本族语者参加了本研究，每名受试均不重复参与实验。

实验 1 采用非语言图形组合任务，回答了第一个研究问题。实验要求受试将分别为背景和图形的两幅图，组合为一幅，记录各组受试按先背景后图形次序组合图片的得分。结果显示：汉语单语组具有明显的先背景后图形的空间感知倾向(受试比例占 100%)；英语本族语组呈现出三种空间感知倾向：先背景后图形(45.16%)、先图形后背景(38.71%)及两种组合次序各占一半(16.13%)。基于实验 1 的结果，本研究开展了实验 2、3 及实验 4，进一步验证“空间感知方式影响语言加工”假说。实验 2、3 验证汉、英本族语者空间感知方式的倾向性特征是否影响母语在线加工；实验 4 验证汉、英双语者空间感知方式的倾向性特征是否影响二语在线加工。实验 2、3、4 中受试均需要完成反应时任务。

实验 2 采用不同背景—图形次序启动条件下的图文一致性判断任务。实验 3 采用不同背景—图形启动次序条件下的语句语义合理性判断任务。此两项实验的目的是考察非语言背景—图形启动次序是否影响受试加工目标语句的反应时。结果显示，汉、英母语者空间感知方式的倾向性特征影响图文一致性的判断，也影响语句的语义合理性判断。基于实验 1、2 及实验 3 的结果，研究进行了实验 4，实验 4 与实验 3 基本流程相同，不同的是汉语本族语组参与语言目标刺激为英文的实验。结果发现，不同背景—图形启动次序影响汉、英双语者二语在线加工。本研究发现空间感知方式影响语言在线加工，实验结果验证了“空间感知方式影响语言加工”假说。

本研究得以完成，得益于很多人的帮助，在此由衷地感谢他们。首先我要把深深的谢意献给我亲爱的导师文秋芳教授，和她的先生李德荣老师。他们言传身教地使我感受到做人要善良悲悯，做学问要扎实精进，做事要以对社会的责任为初衷。

本研究从选题、研究设计的每一点改进、前期研究数据的收集和分析、研究方案的进一步改进、最终设计定稿，到正式数据的收集和分析及最终写作成稿，这期间每一点进展，都得到文秋芳教授的悉心指导。本研究共向由文老师、范琳老师、周燕老师、梁茂成老师和杨鲁新老师组成的导师团及全体博士生同学汇报进展 11 次，当面向文老师汇报并与老师交流 80 余次，每一次文老师都耐心地倾听，悉心地提出建议。她广阔的学术视野，敏锐的学术判断力，和从不间断、持续更新的知识体系，在我困惑徘徊难以前行的时候，总能使我重获新的灵感和不放弃努力的信心。

本研究得以完成，我还要特别感谢范琳老师。范琳老师是从事心理学语言学研究的专家，亲自来听我论文进展汇报10余次，并提出了宝贵的意见和建议。我每次拜访请教，范老师都热情相助，耐心指点，生病的时候也不例外。她的正版E-Prime软件在我收集数据一年多的时间里，一直无偿供我使用。她广阔的视野、精进和谦逊的治学态度令我钦佩。

本书在撰写过程中有幸得到了中心老师们的大力支持和帮助。梁茂成教授参与了我8次研究进展汇报，并对实验每一步程序及数据分析提出了宝贵意见和建议。周燕教授多次参加我的论文汇报，并为我的论文提出需严格论证数据分析方法等宝贵建议。杨鲁新教授提醒我需要不断回到研究的价值和意义这一最根本的问题上。

感谢博士生论坛上许家金教授、韩宝成教授、孙迎晖教授和清华大学封宗信教授给予的宝贵意见。许家金教授在研究的落脚点及逻辑主线方面都为我提出了宝贵的意见和建议。感谢刘振前教授、陈宝国教授、王立非教授、范琳教授和陈亚平教授在预答辩中对本研究提出的中肯意见和建议，没有各位专家的宝贵建议，本研究难以呈现目前的状态。

感谢林立教授，林教授曾经是我的老师，后又共事十年。听说我在做心理学实验研究，林立教授联系了首都师范大学心理学系博士生导师方平教授，帮我指导研究设计，并使我认真思考眼动是否是回答本研究问题的最佳选择。感谢首都师范大学国际关系学院CET学术项目主任David Moser教授，听说我的研究与他的博士论文研究话题相关，耐心倾听我的实验设计，分享他的文献，并为我提出宝贵建议。感谢外交学院许宏晨教授，耐心地为我解答数据分析方面的问题。

感谢Scott Javis教授，在我论文选题过程中，多次当面及通过E-mail认真倾听和仔细阅读我的论证报告，并悉心提出建议。感谢北京大学心理学系周晓林教授在我参加北大心理语言学研究设计培训的过程中，耐心解答我关于实验设计的问题。

感谢文门亲爱的兄弟姐妹们。特别感谢刘洋、曹宇、杨文星、孙旻、蔡炎、裘晨晖、常小玲、张文娟多次倾听我的研究，并为我的研究设计提出很多宝贵建议。感谢刘洋帮我联系受试和多次陪伴我收集数据。

感谢澳大利亚墨尔本大学孔子学院宫正老师，帮我联系来华短期访问的墨尔本大学师生参与我的实验；感谢首都师范大学国际关系学院 CET 学术项目主任 David Moser 教授，帮我联系短期来华访学的美国大学生参与我的实验；感谢首都师范大学国际关系学院 CET 项目主任 Katherine Whitman，为我的研究设计提出建议，帮我联系短期来华访学的美国大学生参与我的实验。感谢北京英孚英语教育中心的外教们参与我的实验，并帮我联系受试。感谢北京语言大学外国语学院曹泽煌老师，帮我联系美国短期来华访问的大学生参与我的实验。感谢远在芝加哥读书的姐姐的闺蜜胡玉丽姐帮我联系受试，并协助我收数据。感谢所有参与我实验的受试。

感谢我的家人。老爸爸退休 13 年了，从未间断过精进地学习。每季度或每半年都制订清晰的工作计划，并且认真执行。工作中每读一本书都做详尽的读书笔记。生活闲暇时除了帮妈妈养花就是潜心读书了。他每一年重新排满书架的读书笔记，默默地向我讲述生命的意义在于认真地经营一颗勤劳的种子，并用朴素的坚持把它养成参天。妈妈精心照料的花草轻轻的香，让我安定而快乐，每株花草的茁壮中都看得出爸妈的不易和匠心。感谢亲爱的爸爸妈妈言传身教地带我感受自然的美好、充实的安然。在静定的温暖中精进地学习做研究、写论文的过程是对世间美好的体察。感谢爸爸妈妈资助我两万余元进行本项研究。感谢爸爸帮我审读数据。感谢公公婆婆对我的理解和在生活各方面的支持。感谢我的文学编辑姐姐杨瑛，在繁忙的工作之余抽出时间帮我审读论文。感谢姐姐的女儿李书萌同学多次协助我收集数据。感谢我先生梁玉国帮我联系实验受试、多次陪伴我收集实验数据、和我一起设计制作实验软件及数据提取软件，并在写作过程中无数次认真倾听我的研究设计和写作逻辑，帮我厘清思路。感谢他在我写作期间对我的包容、关爱、督促和支持。感谢我在写作期间还未出生的女儿梁云禾，在研究写作后期多次修改过程中，给我最甜蜜的陪伴。

目　录

图　目

表 目

第一章 绪 论

中国传统童谣里有："从前有座山，山上有座庙，庙里有个老和尚。"这句童谣依据的是山—庙—老和尚的语序，即背景先于图形；西方传统童谣中有："Two little monkeys walking in the wood, one is bad and one is good."(两只小猴子在树林里徜徉，一只邪恶，一只善良)，依据的是小猴子—树林的语序，即图形先于背景。这些体现在语言方面的差异是否说明东、西方人在生活中对背景—图形的空间感知方式存在差异呢？这一问题受到语言学界及心理学界学者们的广泛关注。丹麦心理学家 Edgar Rubin 于 1915 年提出了背景—图形(figure/ground)相分离这一空间认知原则，认为人类最基本的视觉感知方式是将场景区分为背景和图形两个部分(Rubin 1915/1921)。语言学家 Leonard Talmy 于 1972 年在博士论文中将背景—图形相分离这一原则系统引入认知语言学研究(Croft & Cruse 2004：56；Dirk G. & Hubert C. 2007：50)。

语言学界及心理学界的学者们针对东、西方本族语者在空间感知方式上的不同，以及在背景—图形语序上的差异进行了大量的研究。目前已有研究中，语言学界的研究主要以语料为切入点，通过对东、西方母语语料的比较，得出的主要结论是：汉语语序具有明显的背景先于图形的特征(刘宁生 1995：360；沈家煊 1996；赵世开 1999a：44；张克定 2007；文秋芳 2014；宫同喜 2014)；英语在语序上呈现为图形先于背景的倾向(Talmy 1972，1988，2000；Langacker 1987，1991)。心理学界研究的重点是比较东、西方人场依存、场独立认知方式的差异或比较东、西方人在场景知觉上的差异，得出的主要结论是：西方人更关注前景，东方人更关注背景（Nisbett et al. 2001；Chua et al. 2005）。但以往的研究仅限于针对语序、认知方式或场景知觉其中一方面因素的考察，对认知方式与语言二者间关系的间接结论尚缺乏直接、严谨的实证数据。此外，单语与双语者对背景—图形认知次序是否相同？如果他们的认知方式存在差异，这一差异是否会对加工含有背景—图形的语言产生影响？有鉴于此，本研究将采用实证研究的方法对此进行考察，旨在弥补这一领域的空缺。

1.1 研究范围及目标

思维与语言的关系是一直受到广泛关注的一个古老、有趣的话题。目前语言学界的主要观点中较有影响力的是：普遍论、语言相对论及思维独立于与语言(详细论述见 2.2.2)。本研究的重点不在于关注认知与语言在原始起源上的孰先孰后的问题，也不在于具体考察认知与语言二者之间到底哪一方对哪一方的影响力更强。在二者关系这一问题上，笔者的立场是二者间存在辩证、互动与平衡的关系。

本研究关注的核心问题是：语言、认知共同作用的瞬间，空间感知方式是否影响语言的加工。研究的起点是考察东、西方本族语者在背景—图形认知次序上存在的主要特征。考察的核心问题是这些认知次序上体现出来的特征是否影响东、西方本族语者对母语以及二语的在线加工。研究基于对以往文献的回顾及本研究的结果，检验与发展关于认知是否影响语言的既有理论，同时提出并验证“空间感知方式影响语言加工”假说。

本研究采用的理论基础是作为认知语言学哲学基础的经验主义语言观。研究采用心理学行为实验研究的方法。由于研究时间有限，本研究不关注历时发展的维度，只考察对于具备成熟认知能力的成年人，认知对句子在线加工的影响。因此参与本研究的受试不涉及认知尚处于发展阶段的青少年，仅涉及具备成熟认知、语言能力的 18 岁以上的成年人。

本研究具体回答如下三个研究问题：

(1)汉、英本族语者空间感知方式呈现出何种倾向性特征？

(2)汉、英本族语者空间感知方式的倾向性特征是否影响母语在线加工？

(3)汉、英双语者空间感知方式的倾向性特征是否影响二语在线加工？

1.2 研究意义

本研究在认知语言学及心理学框架下，以汉、英本族语者为受试，用心理学实验方法考察汉、英本族语者空间感知方式的倾向性特征，及其对语言在线加工的影响，同时提出并验证“空间感知方式影响语言加工”假说。研究的价值及意义主要体现在三个方面。

1.2.1 理论意义

本研究理论意义主要体现在三个方面。第一，不仅关注汉、英母语者空间感知方式的差异，更重要的是将认知方式是否影响语言在线加工这一问题作为直接的研究对象。目前已有研究主要回答的是汉、英母语者空间感知方式的差异是什么以及汉、英语序的差异是什么，很少有研究将二者的关系问题作为研究对象，因此无法直接确定认知方式是否是语序差异背后的动因。Chomsky(1975)认为，解释是语言研究的最高目标，吕叔湘在《中国文法要略》(1956)的序言中指出，追究事物间为何有此异同是对比研究的最终目的。本研究通过回答“认知方式是否影响语言在线加工”这一问题，尝试为汉、英语序差异背后的动因提供实证数据。

第二，检验与发展既有关于认知是否影响语言的理论。Lakoff & Johnson(1980：126)认为“空间概念(spatial concepts)会被直接物化(apply)于句子形式中”。背景—图形是一对空间的概念，如果含有背景—图形的语言是这一空间概念物化的结果，在认知与语言共同作用的瞬间，实验数据是否呈现出认知方式对母语加工的影响？空间感知方式与二语实时加工的关系是什么？本书将依据实证数据，回答以上问题，从而检验及丰富认知语言学在背景—图形这一空间概念背景下认知方式与语言关系的理论。

杨文星和文秋芳(2014)通过实验研究了汉语本族语者和英语本族语者对于时间的认知方式，发现时间思维方式的差异不仅存在于汉、英本族语者之间，也存在于汉语本族语者群体内部。以Tohidian(2009：61，转引自杨文星 2015)“思维方式决定语言使用”理论为基础，杨文星(2015)重复并改进了Boroditsky(2001)的研究，在时间思维研究领域提出“思维方式影响语言使用”假说，“主张共时角度下思维方式会对语言加工产生影响”。杨文星(2015)以时间概念为研究对象，依据反应时数据得出的结论是“共时角度下时间思维方式会对语言加工产生影响”。这一假说在空间概念领域是否能够得到验证？空间概念中，语言与思维的关系与时间概念中有何异同？本书将依据实证数据，回答以上问题，从而检验并丰富这一假说。

第三，提出“空间感知方式影响语言加工”假说。本研究将在检验前人理论及假说的基础上，依据实证数据，提出并验证“空间感知方式影响语言加工”假说，从而进一步补充和丰富针对思维—语言在线关系的理论和实证研究。

1.2.2 方法论意义

应用心理学实验方法，考察“汉、英本族语者空间感知方式的倾向性特征对语言在线加工的影响”这一问题的研究还是空白。本研究设计主要有两点创新。第一，为研究空间感知次序及其对语言在线加工影响两个问题分别创制了研究工具。研究工具依据认知语言学及认知心理学的理论及现有的相关心理学实验研究(Boroditsky 2001；Chen 2007；January and Kako 2007；Tse & Altarriba 2008；杨文星、文秋芳 2014；杨文星 2015)进行设计，并以前期研究的结果逐级检验，历时十三个月，前后参与的汉、英本族语受试共332人。对研究工具项目数、呈现方式、时间长度、数据收集器材、实验步骤等因素的确定，均以更有效地回答研究问题及达到更好的实验信度和效度为出发点，并以前期研究的数据为依据逐级推进。第二，将研究的内容明确界定为认知方式对语言加工的影响。将前人对“背景—图形这对空间概念的认知方式是否影响语言加工”这一问题的研究由“推测”深入至“直接考察”；与已有研究通过推测得出结论的方法相比，本实验依据组内、组间实验数据的互证得出结论，让实验数据说话。

1.2.3 实践意义

本研究的实践意义主要体现为两点：第一，本研究可为观察和解释汉、英本族语者及汉、英双语者在与背景—图形这对空间概念相对的语言在语序上的表现提供依据；第二，对思维和第二语言学习关系的探究有助于为第二语言学习者语序方面语误的认知机制提供解释；对于语序认知理据的分析有助于二语学习者理解目标语人群的思维方式，及目标人群传递的信息，提高学习者对第二语言的理解精准度，提升第二语言学习者对目标语使用的质量，从而提升教学效果。

1.3 本书结构

本书共包含九个章节。本章为绪论，介绍了研究目的、意义以及研究问题和论文整体结构。第二章针对“空间感知方式对母语及二语在线加工的影响”这一主题进行了理论综述和实证研究述评。第三章概述本研究的理论假设和研究范式，并提出本研究的假设。

第四章通过实验 1 验证第一项假设，即“汉、英本族语者空间感知方式存在不同的倾向性特征”，重点汇报实验 1 的研究设计、统计分析结果，并对实验 1 的结果进行了讨论。第五、六、七章通过实验 2、3 及实验 4 考察汉、英空间感知的倾向性特征对语言在线加工的影响。

第八章和第九章呈现总体讨论和结论。第八章从总体角度对研究结果进行讨论。第九章为结论，该章对本研究的发现做进一步的总结，重述本研究的价值，并指出研究中存在的不足及未来研究的方向。

1.4 小结

本章首先明确了研究的范围及目标并提出了三个研究问题，然后讨论了研究的理论意义、方法论意义和实践意义，最后呈现了本书的主体结构。

第二章　文献回顾

本章首先概述了每个研究变量的抽象定义，并描述了每个变量的操作定义，然后对以往文献进行了回顾与评价。

2.1　研究变量的定义

本研究聚焦于认知与语言的关系，考察的核心问题是空间感知方式是否影响语言在线加工。本研究对空间感知方式研究的切入点，是对背景—图形在直接经验基础上形成的感知次序。研究涉及的主要变量为："空间感知方式"、"背景—图形"及"语言加工"。为提高研究的客观性及方便研究结果的检验和重复，本章具体描述每个变量在本研究中的操作定义。在细化每个变量的操作定义前，先简要概述每个变量的抽象定义。

2.1.1　空间感知方式

"空间感知"属"空间认知"范畴。在中外学者对"认知"给出的定义中，Osherson (1995: xi)强调"人类智能运用的活动"(the exercise of human intelligence)，如记住回家的路、读小说、选择一个职业等。他认为认知加工是必不可少的活动。桂诗春(1991)强调"知识的习得和使用"及"内在的心理过程"；田运(1996: 93)强调"主体感知能力和思维能力"及"不借助实践手段认识客观事物的过程"。Lakoff & Johnson (1999: 11)在《具身中的哲学》(*Philosophy in the Flesh*)一书中，提出对"认知"(cognitive)一词取广义，用来描述一切在语言、意义、感知、概念系统及推理过程中所涉及的心理运作(mental operations)及结构(structures)；同时也用它来描述“感知动觉系统”(sensorimotor system)，因为感知动觉系统对概念化(conceptualize)及思维推理(reason)过程都至关重要。随着“认知心理学”、“认知科学”、“认知语言学”在20世纪60至70年代后在西方的兴起，1989年版《辞海》(夏征农1989)首次收录“认知”词条，并将其定义为“认识”，泛指人类认识客观事物、获得知识的活动，包括知觉、记忆、学习、言语、思维和问题解决等过程。《剑桥心理学词典》(Matsumoto 2009：117)将认知方式定义为个体在知觉、思维、记忆、解决问题、理解等认知活动中加工信息时所显示出来的独特的风格。

对认知方式的研究最早可以追溯到Gustav Jung(1875—1961)1923年提出的心理类型理论(Thunholm 2004)。这一术语由Willard Allport(1897—1967)于1937年首先使用，最早采用实验方法研究认知方式的是美国心理学家“认知方式之父”Witkin(1976)。

需要特别说明的是，本研究的目的是从认知心理学角度考察认知与语言共同作用的瞬间，认知对语言的影响。为便于研究及讨论，需要将“认知”从语言中离析出来，否则研究的结果极有可能呈现的是语言对语言的影响，而不是认知方式对语言的影响。本研究中，“认知方式”的操作定义是：受试在参与非语言实验任务时，显示出来的习惯性认知加工风格，是基于经验和感知的、非语言的变量。这里需要指出的是，人们目前对语言变量和非语言变量还很难做出明确的区分。本研究中，对东、西方受试认知方式的考察，采用了非语言任务，力图最大化地排除语言因素的干扰，以便明晰是否是“认知方式”而非其他因素影响了语言的在线加工。在本研究中，“认知方式”、“感知方式”和“感知次序”间的关系如图2.1。其中，“感知方式”属“认知方式”范畴，“感知次序”可以体现“感知方式”，是“感知方式”的外显形式之一。

简单地说，本研究对“空间感知方式”的研究，切入点是“空间感知次序”。研究中“空间感知次序”的抽象定义依据Herd et al.(2013)对策略性认知次序(Strategic Cognitive Sequencing，以下简写为SCS)的定义

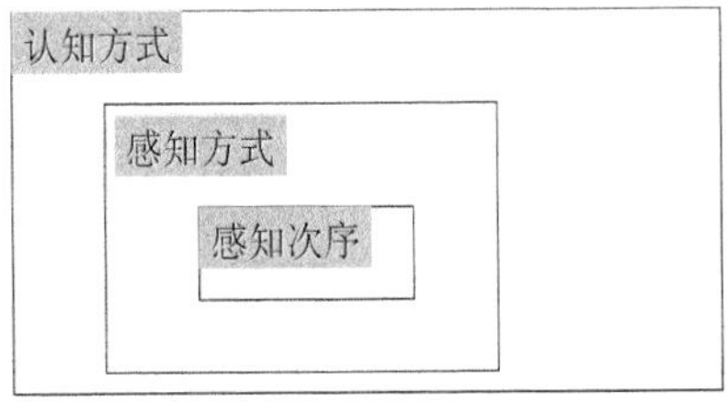

图 2.1 "认知方式"、"感知方式"和"感知次序"间的关系

形成，指在成功解决一个问题过程中，受试对一项或几项空间感知任务的执行次序。

本研究对"空间感知次序"的具体操作定义是：受试在非语言任务中，在限定时间内，对场景图中的背景—图形这些直接经验对象进行感知时，呈现出的习惯性的、本能的认知直觉，在数据中体现为图形组合次序。例如，在参与组合茶壶图形的任务时，受试是先摆好壶身部分再摆放壶把儿部分，还是先摆好壶把儿部分再摆放壶身部分。

2.1.2 背景—图形

背景—图形[①]相分离的特点是视觉组织原则体系的主要原则之一。1915 年，在哥本哈根大学(the University of Copenhagen)就读的丹麦心理学家 Edgar Rubin (1886—1951)在他的博士论文《视觉感知的图形》(*Synsoplevede Figurer*)中首次探讨了图形(figure)—背景(ground)现象(Aron Gurwitsch 2009：168)。Rubin(1915，1921)认为人类最基本的视觉感知方式是将场景区分为图形和背景两个部分。1923 年 Wertheimer(1880—1943)提出了格式塔心理学学派的知觉组织原则，认为我们将物体作为一个整体感知(Wertheimer 1923/1938)。格式塔心理学家

① Talmy (1985：60) 用的术语是"Figure"和"Ground"；Langacker (1987)用的术语是"Trajector"和"Landmark"。本研究采用的是"Figure"和"Ground"。对这一对术语的翻译，学界有很多不同的版本，如，"参照体—目标"(沈家煊 2000)；"图形—背景"(匡芳涛，文旭 2003)；"目的物—参照物"(刘宁生 1995)等。本书统一使用"图形、背景"的译法。

将图形和背景分离的特点作为其视觉组织原则体系的主要原则之一，认为日常生活中大部分视觉场景都显示出一种特定的背景—图形相分离的过程(Hergenhahn 2009：468)。依据格式塔心理学的普雷格朗茨原则，小的、运动的、具有完形特征的物体通常确定为图形。

背景—图形这对概念最初由语言学家 Leonard Talmy 系统引入到认知语言学研究中(Dirk & Cuyckens 2007：50)。他认为我们在组织语言时也同样遵循背景—图形相分离的原则[①]。认知语言学研究目前主要存在三个研究路向：经验观(the experimental view)、突显观(the prominence view)和注意观(the attentional view)(Ungerer & Schmid 1996：xi—xiv)。其中突显观认为，语言结构中信息的选择和安排由信息的突显程度决定。图形—背景相分离(Figure-Ground segregation)是基于突显观的一种特点(Ungerer & Schmid 1996：157)。这一特点体现在句法上就形成了句法上的图形和背景相分离。

1972 年，Talmy 率先在博士论文中把图形(Figure)—背景(Ground)这对概念应用于语言研究，并在后续的研究(包括 1975a，1975b，1978，1983，2000 等)中应用这一原则对语言进行了深入分析。

依据 Talmy(2000：184)的定义：图形(Figure)是一个正在移动或被认为可移动的实体(entity)，其处所(site)、移动路径(path)或移动方向(orientation)被视为一个变量(variable)，它的值是当下我们正在关注的对象。背景(Ground)是一个参照体(reference entity)，它在参照系中有固定位置(stationary setting)，我们依据背景来确定图形的处所、移动路径及移动方向。同时，Talmy (2000：314)认为即使说话人无意区分图形与背景，语言也会无一例外地被迫进行(inescapably imposes)这种区分。Talmy(2000：315—316)给语言中的图形和背景分别列举了

---

① 原文请参见 Talmy 博士论文 4.1(*Figure/ground organization*)部分：In representing many spatial，temporal，equational，and other situations，language is so organized as to single out two portions of the situation，the "Figure" and the "Ground"。

如下定义特征和联想特征(见表 2.1)。

表 2.1 图形与背景特征比较

特征		图形	背景
定义特征		其空间性(或时间性)有待确定	其空间性已知，可用作参照体来说明图形的空间特性
联想特征	动态性	可移动程度高	固定程度高
	空间大小	面积或体积较小	面积或体积较大
	几何复杂度	几何处理上较简单(视为点)	几何处理上较复杂
	关联度	离当下的情景或意识较近，记忆中较近	离当下的情景或意识较远，记忆中较远
	关注度或相关程度	关注度或相关程度高	关注度或相关程度低
	直接感知程度	直接感知程度低	直接感知程度高
	感知后的显著程度	被感知后显著程度高(显著度由低变高)	前者一旦被感知后就退隐为背景(显著度由高变低)
	独立程度	依赖程度高	依赖程度低

资料来源：据 Talmy 2000：315—316。

认知语言学界对背景—图形的定义以及认定标准并不一致。例如，就定义而言，Wallace(1982：214)与 Talmy(2000)的上述观点类似，认为针对图形及背景可以总结出一系列特征；而 Langacker(1987：491)则认为图形—背景的组织几乎完全由主观确定。Langacker(1991：120)认为观察场景时视角的主要方面包括图形—背景结构(figure-ground alignment)、优势观测点(vantage point)和主观性(subjectivity)；当视角不同，参照点不同，认知路径也不同；图形和背景在语言中实现为射体(trajector)和坐标(landmark)(Langacker 1991)。

为确保研究的可实施性及科学性，本研究采用三项措施解决背景—图形定义及认定标准不一致的问题。首先，本研究实验材料包括两大类：图片及句子。研究中选取的句子均是存在句，因为存在句可以最直观地表达背景—图形概念的结构。研究中使用的全部存在句均是在以往文献中讨论过的、典型的存在句，其中所包含词汇均属常用词(具体实验材料参见附录5及附录8)；本研究只选取已有文献中对背景—图形的认定无争议的存在句，图片则依据句子在互联网中进行选取。其次，本研究对每项实验材料(包括图片及存在句两类)中背景—图形的区分，均依据 Talmy(2000：315—316)针对背景—图形列举的定义特征及联想特征确定。例如，在非语言任务中，图片中有山和庙，依据 Talmy(2000)的定义，"庙"相对来说具有"可移动程度更高"、"体积相对更小"、"更易于记忆"、"更易于直接感知"等特点，因此确定为图形；"山"则体现出相反的特征，因此确定为背景；再如，语言加工任务中，选取的存在句中有"湖中有个亭子"/"there is a temple in the center of the lake"。依据 Talmy(2000：315—316)列举的定义特征，将"湖"/"lake"确定为背景，因为与"亭子"相比，"湖"具备"固定程度高"、"位置相对固定"、"体积相对更大"、"依赖程度低"等特征；而相应地将句中的"亭子"/"temple"确定为图形。这里需要特别说明的是，本研究所选取的中文句子均为"有"字句，即典型的先背景后图形语序；英文句子均为"there-be"结构的句子①，即典型的先图形后背景的语序。再次，对实验材料中使用的图片及存在句，本研究针对其所包含的背景—图形元素的认定进行了前期调查，只选用了对背景—图形的认定在受试中无争议的图片及句子。(详细描述请参见4.2.2、5.2.3及6.3.3小节)。

2.1.3 语言加工

Slobin(1987，1991，1993)以 Talmy(1985)的语言类型学为起点，

① 英语存在句中"there"应该视为背景成分还是不做分析，目前还存在争议。本研究对"there"不做分析，按句中两个物体的次序确定背景—图形次序，因此本研究中，将英语"there-be"结构存在句语序确定为先图形后背景。针对这一问题的讨论参见 Kuno 1971；Anderson 1971；Bolinger 1977；Freeze 1992；张克定 2007，2009 等。

以一系列关于运动(motion)的对比语言学实验结果为依据，提出了“为言而思”(thinking for speaking)假说。该假说主要关注的是“言”(speaking)与“言”之前发生的即时思维间的关系。Slobin(1991)在实验中将研究范围规定为“即时思维方式”。他认为无论语言对人类的思维和行为有什么影响，它一定会在我们讲话的时候引导我们去关注那些语法范畴中所重视的经验成分(Slobin 1996: 71)。

Slobin为言而思假说中所涉及的“speaking”泛指“语言使用”，包括语言的产出(读/说/写)、语言的理解加工等各种语言活动(Ekiert 2010: 127; Slobin 2003)。本研究采用的是Slobin(1987, 1991, 1993)研究语言与思维在线关系的研究思路，但研究的是认知方式是否影响语言加工，而不是语言对思维的影响。对于“语言加工”，本研究只关注认知与语言共同作用的瞬间，受试对语言的在线理解加工。

2.2 文献综述与评价

本研究关注的三个核心问题：(1)汉、英本族语者空间感知方式呈现出何种倾向性特征；(2)汉、英本族语者空间感知方式的倾向性特征是否影响母语在线加工；(3)汉、英双语者的空间感知方式的倾向性特征是否影响二语在线加工。因此，本章对文献的讨论依据如下三个要点展开：第一，东、西方空间感知方式的比较研究；第二，汉、英母语者的空间感知方式对母语加工影响的研究；第三，汉、英双语者空间感知方式对二语加工影响的研究。

2.2.1 东、西方空间感知方式的比较研究

Lakoff & Johnson (1980)承袭了梅洛—庞蒂“具身的主体性”(embodied subjectivity)概念，认为传统认知科学把理性、推理和概念的形成过程视为离身的、抽象的，忽略了人类身体体验的作用。Lakoff & Johnson(1999: 11)强调感知动觉系统对概念化(conceptualize)及思维推理(reason)过程的重要作用，认为“概念是人的身体通过体验而形成的”。具体到空间概念，Lakoff & Johnson(1999: 30—36)认为空间关

系概念同样具有具身性。

具身理论强调身体活动的内化对思维及认知的作用，主张身体的构造、神经的结构、感官和运动系统的活动方式塑造了我们的认知方式。Gibbs(2005：9)认为“人们对身体的主观感受和身体在活动中的体验为思想部分地提供了基础内容；认知就是身体作用于物理、文化世界时发生的东西”。由于各自对客观世界的不同感知体验，汉、英本族语者在背景—图形感知方式上很可能存在较大差异。

近年来的心理实验也显示中国受试和美国受试具有不同的认知方式及空间感知方式。心理学领域以背景—图形相分离这一原则为基础进行的东、西方比较研究主要集中在两个方面：对受试场依存—场独立的认知方式的比较研究、及对受试场景知觉的比较研究。

对场依存—场独立的认知方式的比较研究

Grigorenko & Sternberg(1995)将诸多认知方式理论分为三类：以认知为中心的观点(cognition centered approach)、以人格为中心的观点(personality centered approach)及以活动为中心的观点(activity centered approach)。其中研究的最为广泛的场依存—场独立维度是以认知为中心的观点，它侧重基本认知过程的风格特点。Witkin, H. A. (1964)提出的场依存，是指对一个物体的感知受到其所出现的背景或环境的影响程度；在感知方面，场独立的个体将一个图形看作一个非连续的物体，擅长将其从背景中区分出来处理，而场依存的个体则不擅长将物体从背景中单独分化出来进行处理。Witkin(1975)及其同事的实验是测试受试对与所给环境相关的物体的风格的判断，主要说明的问题是经济因素影响人类的认知习惯(Nisbett 2010：43)。对东、西方受试场依存—场独立的认知方式的比较研究，本部分重点回顾 Masuda & Nisbett(2001)及 Sharon et al. (2009)的研究(见表 2. 2)。

表 2.2　对场依存—场独立的认知方式的研究

研究目的	研究者	主要结论	与本研究的不同
比较东、西方个体认知方式的异同	Masuda & Nisbet (2001)	日本受试对物体的感知更依赖于最初的环境，而美国受试对物体的感知则是脱离环境的	本研究关注的是东、西方个体对背景—图形空间感知次序的异同；而此两项研究重点关注东、西方个体对一个物体的感知受到其所出现的背景的影响程度
比较东、西方个体看待世界的方式的异同	Sharon et al. (2009)	东方人更多采用整体思维和场依存认知，西方人更多采用分析思维和场独立认知	

Masuda & Nisbett(2001)的实验对比了东、西方个体认知方式的异同。他们以京都大学和密歇根大学的学生为受试；以八张水下画面作为实验材料，每张画面上都有一条或多条鱼处于“焦点”位置，它们同画面上其他东西相比体积更大，颜色更鲜明，运动得也更快，同时每个画面中还有运动较为缓慢的动物，以及植物、岩石、水泡等。实验程序是播放十张图片，每张持续播放 20 秒，整套图片共播放两遍。实验任务是请受试描述他们看到的东西。研究发现，60%的日本受试都提到了背景成分。提到与无生命的及其他背景物体有关的日本受试数目比美国受试数目高出 65%。受试参与完此项实验后，需要继续参与第二项实验，即看 90 张物体的图片，其中 45 张是他们见过的，45 张没见过。需要完成的任务是指出哪些物体在上一项实验中见到过。其中 45 张受试见过的图片分为三种情况呈现，第一种是在原来的背景中，第二种是没有背景单独呈现，第三种是换新的背景呈现。研究发现，日本受试对物体的感知更依赖于最初的环境，而美国受试对物体的感知则是脱离环境的。

Sharon et al. (2009)的研究中，受试是 58 位 18 至 21 岁的美国大

学生，有效受试48位，其中24位来自欧洲国家，24位来自亚洲国家。实验材料是100张由图形和背景构成的图片。实验任务是请学生判断图片中图形的生命性。实验收集的是眼动数据。研究发现，东、西方文化的个体看待世界的方式不同，东方人更多采用整体思维和场依存认知，西方人更多采用分析思维和场独立认知，其依据是东方人对前景不一致场景的加工速度较慢，而西方人则对前景一致及不一致场景的加工时间没有变化。

以上几项研究均得出东方受试中场依存的受试更多，西方受试中场独立的受试更多的结论，但研究目的没有涉及空间感知次序，研究数据也无法明确东、西方受试空间感知次序孰先孰后。

对场景知觉的比较研究

场景知觉关注的是人类如何感知及加工真实环境的信息。Henderson & Hollingworth(1999a)将场景定义为由空间分布合理的背景和离散的物体构成的真实环境(real-world environment)的连贯图像。场景包括背景(background)和物体(objects)两个重要的组成部分。场景中的背景是指宽广的、静止的表面和结构，场景中的物体是指比例较小的不连续物体。

Henderson & Hollingworth(1999)把人类的视觉研究分为三个水平：低水平视觉(low-level vision or early vision)、中水平视觉(intermediate-level vision)和高水平视觉(high-level vision)。低水平视觉研究涉及视觉图像的深度、颜色、纹理结构等视觉物理特征的提取；中水平视觉研究涉及对物体外形、轮廓和空间关系的提取；高水平视觉研究关注从视觉表征到物体的意义、知觉和认知的交互影响、视觉信息的短时记忆以及物体与场景的识别。在场景加工中，人们有选择地注视感兴趣的区域。这些信息可提供实时数据。

场景知觉研究常用的实验范式包括物体觉察范式(Search Task Paradigm)、背景提示范式(Contextual Cueing Paradigm)、变化探测范式(Change Detection)、点线索追踪范式(Follow-the-dot Paradigm)和眼

动范式(Eye Movement)等。Biederman (1972)最早采用了物体觉察范式。经典的物体觉察实验首先给受试呈现目标物体的名称，然后呈现一个注视点，接着呈现场景刺激，然后是一个由无意义线条构成的掩蔽，在掩蔽上有一个圆圈提示目标物体出现的位置，最后让受试做是否的判断并记录其反应时(见图 2.2)。由于这一范式提前给出受试需要关注的物体的名称，所以无法有效考察认知次序问题。变化探测范式是捕捉所处环境变化的范式。主要考察眼跳过程中场景的知觉及表征，其基本范式是先向受试呈现一张场景记忆图片，间隔一段时间，将场景图片中的某一目标物改变，接着给受试呈现改变后的探测图片，考察受试能否探测到前后的变化。背景提示范式的目的在于探讨场景背景对目标搜索的影响。研究发现重复出现的背景布局具有提示的作用，能提高实验受试搜索目标物的反应速度。研究者发现受试对重复的旧背景的学习是内隐的，不需要有意识的编码和记忆(Chun & Jiang 1998)。Hollingworth(2004)设计的点线索追踪范式主要用来考察受试对物体的视觉记忆情况(Hollingworth 2003；Hollingworth & Henderson 2002)，即场景视觉短时记忆的保持及信息加工的问题。以上四种范式关注的重点均不是认知次序。

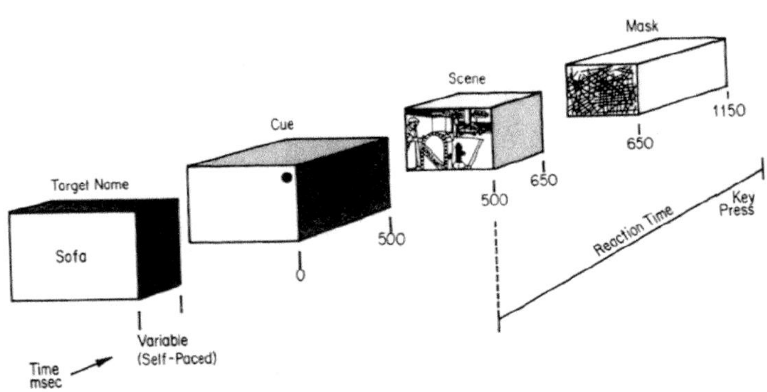

图 2.2　物体觉察范式(Biederman et al. 1982：157)

眼动范式一般给受试呈现场景刺激，要求受试自由观看场景，刺激呈现的时间从几百毫秒到几秒不等，在受试观看过程中记录受试的眼动指标，主要包括总注视点、总注视持续时间、眼跳范围、兴趣区的注视时间、注视次数、回视次数等，然后对这些眼动数据进行分析(Castelhano et al. 2007；Henderson 2003；Loftus & Mackworth 1978)。眼动范式重点关注的是眼睛注视哪里及注视多久两个方面；研究结果主要反映受试在视觉搜索过程中的知觉状况。对场景知觉的眼跳研究，需要结合变化探测、物体识别(object identification)及场景记忆(scene memory)等实验加工方式来建立视觉加工的计算模型或进行量化的预测。眼动能够获得很多过程性信息，并且十分重视第一次注视持续时间，将其设定为场景中物体识别的重要指标(De Graef，Chistiaens et al. 1990)。在东、西方人场景感知比较研究中，最具代表性的是 Chua et al. (2005)的研究，Rayner et al. (2007)及 Evans et al. (2009)复制了此项研究，分别得出了不同的结论(见表 2.3)。

表 2.3　对场东、西方场景感知的比较研究

研究目的	研究者	数据形式	主要结论	与本研究的不同
比较东、西方受试对场景感知及记忆的异同	Chua et al. (2005)	眼动数据(对背景、图形的注视时长)	中国受视在每个时间点上都更关注背景。美国受试注视的次序是：背景—背景＋图形—图形	研究方法不同，详细讨论参见 3.1
比较东、西方受试对场景感知及记忆的异同	Rayner et al. (2007)	眼动数据(对背景、图形的注视时长及注视点)	汉语母语受试和英语母语受试对背景注视的总时长没有显著差异；汉语母语受试对图形的注视时长明显短于英语受试	
比较东、西方受试对场景感知及记忆的异同	Evans et al. (2009)	眼动数据(第一个注视点、对背景、图形的注视时长及次数)	美国受试第一个注视点落在图形的概率明显高于中国受试；东、西方受试对图形注视次数都多于对背景注视次数	

Chua et al. (2005)的研究受试是25位来自欧洲的在美国读书的研究生及27位在中国完成本科学历后才来到美国的中国的研究生。实验包含两个任务，第一个实验任务的材料是36张场景图。任务是请受试判断他们对图片是否喜欢。第二个实验任务是72张场景图，请受试判断他们是否在任务1中见到过图片中的图形。研究发现，在整个3分钟时间里，中国受试在每个时间点上都更关注背景。美国受试的情况则不同，在开始300—400毫秒，美国受试注视背景，在400—420毫秒，美国受试同时注视背景及图形，在420—1100毫秒中，美国受试较中国受试更早地注意图形。研究认知加工次序并非是此项研究的目的，数据显示中国及美国受试均更关注背景。

Rayner et al. (2007)的研究以74位汉、英母语者及汉英双语者为受试，考察不同受试在不同视觉刺激条件下眼动的规律。实验共六项任务，包括英语阅读、人像加工、场景加工、视觉图案搜索、汉字搜索及汉字计数。研究重点记录的是注视时长及注视点两个维度，发现汉语母语受试和英语母语受试对背景注视的总时长没有显著差异；汉语母语受试对图形的注视时长明显短于英语受试($p=0.04$)；但在注视点方面，汉、英母语组间差异不显著($t<1$)。研究认知加工次序并非是此项研究的目的，数据也未能体现中国及美国受试的认知加工次序。

Evans et al. (2009)重复了Chua et al. (2005)的研究，受试主要是在美国读书的研究生，共44人，其中22位是英语本族语者，22位是汉语本族语者。实验素材一半与Chua et al. (2005)相同；实验过程与Chua et al. (2005)的研究完全相同。结果发现对于东、西方的受试来说，对图形注视次数都多于对背景注视次数；对图形的注视时间都长于对背景的注视时间。通过对第一个真正的注视点的位置的分析，Evans et al. (2009)发现美国受试第一个注视点落在图形的概率明显高于中国受试。但他认为这是眼跳幅度的差异造成的，他发现中国受试眼跳幅度小于美国受试。美国受试中第一次向图形方向眼跳，有12%的受试未能触及图形，而中国受试中有15%的受试未能触及图形。因此

Evans et al. (2009)得出的结论是在场景的感知及记忆方面，在东、西方受试中不存在差异。

对东、西方空间感知方式比较研究的评价

第一，研究对象。Chua et al. (2005)及 Evans et al. (2009)的研究中重点关注的是场景的感知及记忆。背景—图形感知次序不是主要研究对象，数据中体现出来的背景—图形感知次序的结果也不同。Chua et al. (2005)的研究中发现东、西方受试均更关注背景，美国受试与中国受试相比更先关注图形，对此结果未做解释；Evans et al. (2009)的研究发现东、西方受试先关注的对象不同，Evans et al. (2009)将其原因归结为眼跳幅度的影响。Rayner et al. (2007)的研究重点记录的是注视时长及注视点两个维度，对背景—图形感知次序未做关注。文献研究显示，在前人的研究中，对背景—图形感知次序的比较研究较少，结论相反，解释也缺乏理论支撑。

第二，研究受试。前人的研究大多在美国本土进行，汉语母语受试均是在美国读书的学生。Chua et al. (2005)及 Evans et al. (2009)的研究中，中国受试均是在美国读书的研究生。Rayner et al. (2007)的研究中，将汉语母语组分为 5 岁前到美国的学生、5 至 14 岁到美国的学生及 14 岁以后到美国的学生；将英语母语组分为学过汉语的学生及未学过汉语的学生。以上的三项研究中，均未排除两个主要因素的干扰：第一个因素是学生的英语水平是否已经接近美国本族语的学生，如果学生的英语水平很高，可能无法真正代表汉语本族语者的群体；三项研究对汉语本族语组的英语水平这一变量均未进行控制，同时也未将汉语单语组这一得出实验结论的核心群体作为受试进行研究，因此就结论讲，并不是严格意义上的东、西方认知方式的比较研究；另一个因素是英语学习的初始时间。有研究发现，获得第二语言的年龄是影响语言的大脑表征的重要因素之一(Weber et al. 1999)；一般说来，二语学习者获得第二语言的年龄越早，加工方式与母语的相似程度越高。与之相比，本研究细化了受试群体，严格控制受试的英语水平及英语学习的初始时间。本研究受试中，汉语母语者受试是汉语单语组；英语母语组也控制为学习汉语时间不足一年、未学过日语、从未到过亚洲国家及来中国时间不足六个月的受试。汉语本族语者的英语水平，以及英语本族语受试的汉语水平，是实施东、西方语言及认知关系比较研究的重要变量，控制语言水平变量后，对受试群体的认知方式的数据比较可帮助我们得出更客观的结论。

第三，实验设计。前人研究尽管未将空间感知次序作为直接研究对象，但研究结果中(如 Chua et al. 2005；Evans et al. 2009 等)均提供了部分与空间感知次序相关的数据，这些数据结果不同，结论各异。Chua et al. (2005)的研究发现，中国及美国受试均先关注背景。Evans et al. (2009)重复了 Chua et al. (2005)的研究，发现美国受试第一个注视点落在图形的概率明显高于中国受试。两项研究应用相同的研究设计及研究材料，结果相左，笔者认为这很可能是由于眼动的研究设计造成的。眼动数据由于容易受到光线、图像的颜色及特征、实验环境、眼跳幅度等内部、外部因素的影响，对空间感知次序研究的数据结果不容易客观稳定。例如，Rayner et al. (2007)的研究发现，中国受试和美国受试注视背景的平均时间长短没有显著差异，但他提到，“当把眼动数据集中于与 Chua et al. (2005)研究所使用的图片相似的实验材料上分析，则能发现更多中国受试更关注背景的数据(Rayner et al. 2007：2726)”。同时，图形背景具有可重叠性，当图形和背景完全重叠，就很难用眼动方式辨认它们之间的次序差异。受试注视的起始点如果落在图形和背景相重叠的部分，可能会发生同时注视背景及图形的情况，在这种情形下就更难以准确回答图形及背景哪一项先得到加工的问题。另外，有研究人员(Fincher-Kiefer 2001；Fincher-Kiefer & D' Agostino 2004)发现，受试加工有关场景的句子时，工作记忆可能会同时加工不相关的信息。如果在参与加工图片任务时受试在同时加工不相关的信息，对加工次序这样对于眼动精准度要求较高的问题，实验数据的信度就更值得商榷。

2.2.2 空间感知方式对母语加工影响的研究

人类空间感知方式的倾向性特征是否是影响语言加工的动因之一？这一问题本质上是语言与思维的关系问题。语言与思维关系问题涉及人类思维及心智的本质，因此备受关注，理论观点错综复杂。

语言普遍论由传统语法学家 Thomas 早在 14 世纪初提出，经 Sanchez、Lancelot、Locke 和 Hume 的继承发展，逐步完善(Joseph 2010)。这一观点认为，人类的基本认知过程相同，语言也具有共同特征。Chomsky(1964)认为人类语言的产生基于共同的、先天的语言习得机制。这一观点在科学上尚未得到证实。语言相对论的观点由 J. G. Herder 于 18 世纪提出，经 Hunboldt 发展，由 Whorf 完善，形成"沃尔夫假说"(McAfee 2004)。在《论语言、思维和现实》前言中，Carroll (1956)把 Whorf 的语言—思维观总结为"语言相对论"(linguistic relativity)。后来有语言学著作将"沃尔夫假说"分为"强势说"及"弱势说"(Crystal 1997：15；Kramsch 1998：13—14 等)①。其中"强势说"的立场是语言决定思维；"弱势说"的立场是语言影响思维。"弱势说"在心理学领域获得一部分实验数据的支持(Brown & Lenneberg 1954；Bloom 1981；Lucy 1992；Imai & Gentner 1993；Levinson 1997；Kay & Regier 2006；Majid et al. 2004；Borodisky 2001；Sharon et al. 2009；Goto et al. 2010；张积家等 2005)。在 20 世纪 60 年代，以 J. Piaget 为代表的日内瓦学派从发生认识论的观点提出了思维独立于语言的理论。Piaget(1969)认为语言在动作内化为表象和思维方面起到主要的作用，但语言并不是唯一起作用的因素。语言只是最佳符号系统，一旦语言遇到障碍，图画、造型、模仿动作、意向、手势、身势等其他符号系统也可以使思维达到较高水平。Piaget(1969，1970)在历时视角下思维

① 对沃尔夫假说的争议在本研究中不做重点讨论，不同观点及详细讨论参见 Berlin & Kay 1969；Leech 1974；Brown 1976；Alford 1980；高一虹 2000：182；潘文国、谭慧敏 2005：73 等。

对语言发展的研究得到了一部分实验数据的支持(Bloom 2004; Hespos & Spelke 2004)。

因为本研究关注的是在使用语言的时刻，认知对语言的影响，即认知对语言在线加工的影响，因此从哲学角度详细评述在语言与思维关系这一问题上各学派的理论观点不是本研究讨论的重点。本小节针对“空间感知方式是否是语言加工的动因之一”这一问题，回顾相关文献(见表2.4)。

Lakoff & Johnson 认为空间关系概念具有具身性;“空间概念(spatial concepts)会被直接物化(apply)于句子形式中”(Lakoff & Johnson 1980: 126)。人类空间感知方式的倾向性特征是否是影响语言加工的动因之一?目前针对该问题主要存在两大立场: 1)语序是概念化过程差异的体现(Talmy 2000; 刘宁生 1995: 360; 赵世开 1999a: 44; 赵世开 2001: 35; 张克定 2007，2009);“认知模式和认知方式是形成语言共性和差异的认知动因”(高文成 2008: 3); 2)英汉语语序“与各自的整体语序特征具有相关性，未必是英汉两个民族的认知方式差异的产物”(宫同喜 2014: 74)。既有研究主要采用的研究方法是以语言特点推测认知特点，得出结论。本小节重点综述这些研究。

国外在由语言的背景—图形特点推测认知特点的研究方面，影响较大的是 Talmy 及 Langacker 的研究。Langacker 对背景—图形的界定更强调其主观性(详细情况请参见2.1.2)，与本研究中对背景—图形的界定不一致(本研究对背景—图形区分标准依据 Talmy 提出的八项标准，请参见2.1.2)，因此，对国外的研究本部分重点介绍 Talmy (2000)的研究及结论。

Talmy(2000)的研究从认知结构入手展开对语义的研究，主要从概念角度出发，考察语言形式特征。Talmy(2000)对应用背景—图形关系解释语言结构的过程做了详细介绍，重点讨论了这对概念在简单句、复合句、自参考事件(self-referencing event)中在句法上的作用，并分析了因果事件中的图形。Talmy 重点考察的对象主要是以处所句为主的单句(如句1、2)及复句(如句6)。

(1)The bike(图形)is near the house(背景).(Talmy 2000：314)

(2)The room(背景)slowly sufficed with perfume(图形).(Talmy 2000：335)

(3)I loaded hay(图形) (up/down) into/onto the truck(背景).(Talmy 2000：334)

(4)I slowly suffused the room(背景)with perfume(图形).(Talmy 2000：335)

(5)My sister(图形)resembles Madonna(背景).(Talmy 2000：318)

(6)He arrived(图形)before she departed(背景).(Talmy 2000)

Talmy的结论是图形先于背景的语序是英语单句的基本语序。对于不符合这一语序的单句(如句4)，Talmy将其确定为带标记的结构。对复句的背景—图形语序，Talmy(2000)认为，语义上表述图形概念的事件一般出现在主句中，表述背景概念的事件一般出现在从句中。针对复句中的背景—图形语序，Talmy(2000)提出了如下五项原则：顺序原则，即对于按照时间顺序发生的两个事件间的任何关系，无标记的语言表达认为先发生的是背景，后发生的是图形，句法形式表现为复合句时，前者是从句，后者是主句；因果原则，即两个事件是因果关系时，无标记的(也是唯一的)语言表达将原因事件作为背景，结果事件作为图形；包含原则，即较大的、可包含小事件的事件做背景，而被包含的事件做图形；依存原则，即一个事件如果对第二个事件是必要的或者决定性的为背景，第二个事件要取决于或依赖于前者，为图形；替代原则，即预期的但未发生的事件是背景，未预料到的但发生了的替代事件则为图形。

国内的研究依据语言单位，可分为针对短语、单句及复句的研究。因为本研究的材料是单句中的存现句，本部分重点讨论针对单句语序研究的结论，对复句的研究结论只做简单概括。

表 2.4　空间感知倾向对母语影响的研究

研究目的	研究者	研究切入点	主要结论	与本研究的不同
应用背景—图形关系对语言结构进行解释	Talmy (2000)	从概念角度出发，研究语义及语言形式特征	图形先于背景的语序是英语单句的基本语序，认为背景先于图形语序属带标记结构	研究切入点及研究方法均不同，参见3.1
从背景—图形关系角度分析汉语偏正结构的认知基础	刘宁生 (1995)	语料：曹禺剧作《北京人》三幕四景之前关于舞台布景的说明文字	由“参照物”到“目的物”的表达在汉语中占多数，推测其认知基础是“参照物”先于“目的物”	
从背景—图形关系角度比较东、西语法差异	沈家煊 (1996)	语料：萧伯纳五幕剧 Pygmalion 中场景描写部分的存在句	英语中先“目标”后“背景”及先“背景”后“目标”两种次序使用频率大致相当，推测语序差异有可能跟认知方式差异有关	
从背景—图形角度比较英汉语存在句差异	赵世开 (1999b)	语料：英、汉语存在句	英语和汉语存在句词序上的差异表明这两种语言的“象似性”等级不同	
“在＋处所”结构语义功能及语序制约原则	俞咏梅 (1999)	语料：“在＋处所”结构	汉语句“处所＋VP＋NP”语序正反映了经验结构的空间顺序，即“参照物先于目的物”	
从背景—图形关系角度对语言进行分析	张克定 (2007，2009)	语料：汉、英存在句	英语存在句语序为图形先于背景；汉语存在句语序为背景先于图形	
针对存在句进行的认知对比研究	高文成 (2008)	语料：《围城》及《英国国家语料库》中的存在句	推测认知模式和不同民族的独特认知方式是形成语言共性和差异的认知动因	

续表

研究目的	研究者	研究切入点	主要结论	与本研究的不同
背景—图形关系角度比较英汉语语序	宫同喜(2014)	语料：单句、《北京大学现代汉语语料库》《英国国家语料库》中复句及中文小说及其英译	单句层面上，英、汉语均采用背景先于图形和图形先于背景两种语序。推测汉、英语序差异未必是英汉两个民族认知方式差异的产物	研究切入点及研究方法均不同，参见3.1

刘宁生(1995)认为汉语中偏正结构的“中心语”和“修饰语”的认知基础是“目的物”和“参照物”；“当一个结构涉及‘目的物’和‘参照物’时，‘参照物’倾向于出现在‘目的物’之前”。汉语中背景先于图形的语序原则，决定了修饰语位于中心语之前的语序一致性。偏正结构中这一原则具有不可逆性。例如在短语(7)中，代表“目的物”的词语“亭子”只能是“中心语”；代表“参照物”的词语“湖”只能是“修饰语”；因为不存在“亭子的湖中心”这样的说法。因此“中心语”的基础是“目的物”；“修饰语”的基础是“参照物”。

(7)湖中心的亭子

刘宁生(1995)考察的语料样本是曹禺剧作《北京人》三幕四景之前关于舞台布景的说明文字，发现“用‘有(如句8)/无(如句9)’作为主要动词表示某处有/无事物的句子共18例；用‘在’作为主要动词表示某物在某处的无一例”。用“放、立、倚、插、铺、坐、走”等(如句10、11)为存在句主要动词的61例。

(8)窗前有主人心爱的楠木书案，紫檀八仙桌子……

(9)屋内悄无一人……

(10)左边放一个白底蓝花仿明瓷的大口瓷缸，里面斜插了十几轴画。

(11)条案前立一张红木方桌。

刘宁生(1995)的研究发现，由“参照物”到“目的物”的表达在汉语语言应用中占压倒性优势，并据此推测“这一句法规则的认知基础是‘参照物’先于‘目的物’”，即背景先于图形。

沈家煊(1996)以萧伯纳的五幕剧 Pygmalion 为语料样本，调查其中场景描写部分的存在句，以便跟刘宁生(1995)的调查做比较，结果发现采用先“目标”后“背景”次序的句子有 15 例，而采用先“背景”后“目标”次序的句子有 18 例(如句 12、13)，沈家煊认为两种次序的使用频率大致相当，因此“不能说英语有很强的由‘目标’到‘背景’的感知倾向，只能说英语不像汉语一样有很强的由‘背景’到‘目标’的感知倾向”。沈家煊据此得出的结论是偏正结构语序的差异“只是有可能跟认知方式的差异有关”，而另外一个可以解释语序差异的是语言的象似性程度。他赞同戴浩一(Tai 1985)的结论，即汉语是象似性程度很高的语言，他认为“英语的语序不怎么受象似原则的支配，而是受约定俗成的句法规则的支配”。对于认知方式是否存在差异及认知方式是否影响语言的加工，沈家煊认为还需要“独立于语言的，来自认知心理学的证据”(1996)。

(12) In this corner stands a flat writing-table.

(13) The corner between the fireplace and the winder is occupied by a divan cushioned in Morris Chintz.

赵世开(1999b)以认知为基础解释了英、汉语存在句(existential sentence)句式的不同。他以句(9)详细阐释了从认知角度考虑，语言结构在反映认知过程中的共性，即把较大的物体作为“背景”，较小的作为“目标”；把事物的整体作为“背景”，事物的部分作为“目标”；把固定的物体作为“背景”，把不固定的作为“目标”。但同时，不同的语言“目标”及“背景”的次序反映在语序上又存在差异，例如句(14)中汉语的“湖”先于“船”，而英语的 boat 先于 lake。他认为英语和汉族存在句词序上的差异表明这两种语言的“象似性”等级不同。同时赵世开也指出“由于缺少认知心理学的验证和社会文化材料的支持，这一结论只能是一种假设和探索，为了证实这种解释还需要做进一步的研究”。

(1999b：31)

(14)a. 湖上有一条船。

b. There is a boat in the lake.

俞咏梅(1999)探讨了“在+处所”结构的语义功能及语序制约原则。她指出，“存在句句型可以看作汉语状态句的自然语序，反映了汉语状态句的生成策略”(俞咏梅1999：27)；“汉语句‘处所+VP+NP’(如句15、16)的语序正反映了经验结构的空间顺序，即在经验结构中处所先于状态和NP进入视野，……此即所谓‘参照物先于目的物’的认知基础和逻辑依据。”(俞咏梅1999：28)

(15)墙上挂着画。

(16)床上躺着病人。

张克定(2007，2009)从背景—图形关系角度对语言进行分析的语料是汉、英存在句。依据张定克(2007)的观点，there一词因为没有具体词义而不具备图形或背景资格，其主要作用是引发说写者在一定时空范围(背景)中所注意的对象，所以为触发语。他认为汉语存现构式的典型结构为：GtF构式，即(G)背景+(t)动词(过渡语)+(F)图形(如句17)。英语存现构式的典型结构为：TtFG即触发语(T)there+(t)动词(过渡语)+(F)图形+(G)背景(如句18)。英语存在句的语序为图形先于背景，汉语存在句的语序为背景先于图形。

(17)There(T：触发词)is(t：过渡语)a cow(F：图形)in the field(G：背景).

(18)房间里(G：背景)有(t：过渡语)一个小孩(F：图形)。(张克定2008：9)

高文成(2008)对英、汉存在句进行了系统的认知对比研究，并应用射体与界标、象似性、有界与无界、心理空间等理论对存在句的认知结构进行了解释。其中射体与界标是背景—图形关系的一个特例。该项研究的重点并不是从背景—图形关系角度对语言进行分析，但研究所依据的语料可从一定程度上反映出汉、英文存在句中的背景—图形次序比例。研究所依据的是《围城》及《英国国家语料库》(BNC)中的语料。从语料统计结果看，《围城》中共342个存在句中，先背景后图形的句子共316例，占句子总数的92.4%；先图形后背景的句子占共26例，占句子总数的7.6%。研究从《英国国家语料库》中选取的是口语语料库的前92句、小说语料库的前100句及学术语料库的前100句，对共292个存在句进行了统计。该研究将存在句界定为：There + be /V+ NP + X句式，因此，全部搜索结果中显示的英文句子均是There + be句型，即比例为100%。该研究既肯定汉英两种语言的共性，又肯定差异，并通过对比研究指出，"基于相同体验和社会经验形成的认知模式和不同民族的独特认知方式是形成语言共性和差异的认知动因"(高文成 2008)。

宫同喜(2014)的研究考察了单句、复句及语篇中表达图形—背景概念的典型结构。研究方法是定性及定量方法相结合。对单句的研究采用的是定性的分析；对复句及语篇的研究采用的是定性及定量相结合的方法。研究发现，在单句层面上"英、汉语均采用背景先于图形和图形先于背景两种语序"，"背景先于图形的语序更为基本"；"英汉语存在句的语序与各自的整体语序特征具有相关性，未必是英汉两个民族的认知方式差异的产物"。对复句及语篇的研究语料来源于《北京大学现代汉语语料库》和《英国国家语料库》(BNC)。对复句的研究发现"英汉语复句均以某种形式在一定程度上遵循背景先于图形的规律"；对语篇的研究发现"英汉语语篇也同样遵循背景先于图形的语序规律"(宫同喜 2014)。

对空间感知方式对母语加工影响研究的评价

以图形、背景这对概念为基础解释语序和认知差异，无疑为语言的研究及认知方式与语言关系的研究提供了新的研究视角，为语序的差异也提供了更多、更有说服力的解释。这些研究不但拓宽了认知语言学的研究思路，也深化了语序描写的研究以及对空间概念与语言关系的研究，同时也促进了认知语言学理论的进展。但对认知方式是否影响语序差异的研究，有待进一步深入。经过对既有文献的梳理，笔者发现如下五个问题。

第一，核心研究内容的缺位。

在认知心理学及认知语言学的框架下，背景—图形这组概念融基本空间认知原则及语言认知组织原则为一体，是探讨认知与语言之间关系的理想切入点，但以背景—图形理论为基础进行的，针对汉、英母语者的认知方式是否影响语言的研究目前还是空白。文献综述发现，以往的研究揭示了英、汉语语序呈现出的倾向性差异：汉语倾向于使用先背景后图形的语序；英语倾向于使先图形后背景的语序。相关研究据此推测英、汉民族的语言差异缘于或体现出相关认知方式的差异，但还没有研究对这一推测进行验证。如果我们承认语言与思维关系的错综复杂性，就会对这一推测提出质疑；如果我们承认研究二者的关系需要将二者的关系作为直接研究对象，就有必要以二者的关系为切入点，提出有针对性的研究设计。无论是实证数据本身，还是比较前人基于研究做出的推测与实证数据间的差异，都能揭示出更多角度及更多层面的问题，从而帮我们更好地理解语言和思维的关系。

第二，对“背景”、“图形”定义不一致。

前人以图形、背景理论为基础进行的，针对汉、英母语者的认知方式是否影响语言的研究对图形、背景的定义不一致，因此结论间不具备互证的前提。Talmy(1978)率先把图形—背景理论应用于语言研究，将图形—背景分离原则看成是语言组织信息的一个基本认知原则，并为语言中的图形和背景分别列举了定义特征和联想特征。Talmy(2000)的定义依据的是客观事物的属性及特点，例如他认为图形具有“空间(或时间)方位未知、待定”、“可移动”、“体积较小”、“形状简单”、“不易马上感知”但是“感知后更突出”等特征。Langacker(1987：120)的定义依据的却是感知突显程度，他说：“从印象上来看，一个情景中的图形是一个次结构，它在感知上比其余部分(背景)‘显眼’，并且作为一个中心实体具有特殊的突显，情景围绕它组织起来，并为它提供一个环境"。因此在对句(19)的分析中，Talmy 将"garden"确定为背景，而 Langacker(1987)却将其分析为图形。Langacker(1991:308)认为，"图形—背景的组织几乎完全是主观确定的"；"某事物成为图形还是背景最终是不同识解的结构，而不是事物本身的特征决定的"(Langacker 1991:308)。尽管两位学者得出相同的结论，即英语的语序倾向于先图形后背景，但定义上的不一致性削弱了这一结论的说服力。以往也有研究(宫同喜 2014)提到上述问题。

(19)The garden is swarming with bees.

第三，对"认知"概念范畴定义模糊。

现有很多研究(如刘宁生 1995:360；沈家煊 1996；赵世开 1999a:44；赵世开 2001:35；俞咏梅 1999；张克定 2007，2009；张璐 2002；张珂 2007；高文成 2008；宫同喜 2014)明确通过语言规律推论认知方式，并得出相关结论，如"英语和汉语存在句在词序上的不同反映了认知过程的差异"(赵世开 1999a:25)；"说汉语的人认知过程一般是参照点先于目标，而说英语的人一般是目标先于参照点"(张璐，2002:11)；英汉语存在句语序差异的认知理据是"讲英语的人和讲汉语的人在时空安排顺序上的认知方式不同"(张珂 2007:XV)；"汉语采取了句法结构映照经验结构的生成原则，汉语句'处所＋VP＋NP'的语序正反映了经验结构的空间顺序，即在经验结构中处所先于状态和 NP 进入视野，……此即所谓'参照物先于目的物'的认知基础和逻辑依据"(俞咏梅 1999:28)。但这些研究中并未界定认知方式具体定义以及在研究中具体所指层面。将语序模糊地归结为认知方式的原因，再将认知方式笼统地解释为受文化因素的影响，不利于研究人员探寻语序与认知差异的深层关系，另一方面因为不同民族文化千差万别，而语序却有限，同时也存在语序不同而文化相近，或语序相近而文化不同的情形，当研究定义不清，结论就显得模糊而泛化，研究的科学性也值得商榷。

第四，研究结论复杂。

以往通过语言规律推论认知方式的研究，结论各异。针对语序的研究，差异主要体现在三个方面：第一，语言单位不同，结论不同。对汉语偏正结构以图形、背景概念为基础进行语序比较的研究（如刘宁生 1995；沈家煊 1996；骆小平、萧立明 2002）认为，如果汉语偏正结构中修饰语是背景而中心语是图形，因为汉语语序通常是修饰语先于中心语，所以体现了背景先于图形的语序组织原则。宫同喜（2014）的研究则发现，在单句、复句及语篇的层面上，英汉语语序均在一定程度上遵循背景先于图形的语序，并未呈现出倾向性差异；第二，相同语言单位内部，以不同类别的句式作为研究对象，结论不同。刘宁生（1995）针对汉语存在句的研究，发展汉语体现出先背景后图形的语序特征；宫同喜（2014）针对汉、英处所句的研究发现，无论是英语还是汉语，处所句的句式均为“存在物＋表示存在的谓语＋处所成分”，因此英汉语处所句的图形—背景语序均为图形先于背景；第三，不同学者针对相同类型的语料、依据对相同句式的研究得出的结论不同。刘宁生（1995）的调查以《北京人》关于舞台布景的说明文字为语料，得出的结论是汉语中存在背景先于图形的倾向；而英语中只有一种语序，即图形到背景。沈家煊（1996）以萧伯纳的五幕剧 Pygmalion 为样本调查，得出的结论是“不能说英语有很强的由‘目标’到‘背景’的感知倾向，只能说英语不像汉语一样具很强的由‘背景’到‘目标’的感知倾向”。

对认知方式与语序关系影响的研究，存在如下三种不同观点：一部分学者认为英语语序为图形先于背景而汉语语序为背景先于图形；语序的差异是概念化过程差异的体现（刘宁生 1995：360；赵世开 1999a：44；赵世开 2001：35；张克定 2007，2009）。另外一些学者认为汉语往往遵从背景到目标的认知途径，而英语则有两种选择，既可以从背景到目标，又可以从目标到背景（沈家煊 1996；高文成 2008），“基于相同体验和社会经验形成的认知模式和不同民族的独特认知方式是形成语言共性和差异的认知动因"(高文成 2008)。第三类观点是英汉语语序"与各自的整体语序特征具有相关性，未必是英汉两个民族的认知方式差异的产物"(宫同喜 2014)。

目前已有关于英汉语图形—背景语序推测认知方式的结论都是整体性的，如果图形、背景认知方式与整个语言系统之间存在的是简单直接、一一对应的关系，这些不同甚至相左的发现及结论该如何解释？如果它们不是一一对应的关系，具体差异体现在哪里？这些问题从已有研究的扑朔迷离的结论中均无法找到答案。同时单纯从语言现象差异推测认知方式差异，这一切入点使得针对二者关系的研究具有天然的模糊性及不可知性。

第五，研究设计存在局限。

首先，采用解释—推理的研究方法。经过对现有文献的梳理，笔者发现既有研究对于认知对语言影响的研究结论，很大程度上呈现出解释—推理的研究范式(如刘宁生 1995：360；沈家煊 1996；赵世开 1999a：44；赵世开 2001：35；俞咏梅 1999；张克定 2007，2009；张璐 2002；高文成 2008；宫同喜 2014)。这使得研究结论尚处于推理阶段。

其次，语料选择依据缺乏确定的标准。研究者大多从思维的某个角度出发，选取相应的语料，因此得出的结论难免受制于预设的思维，从而无法客观地回答认知方式是否影响语言加工的问题。

再次，逻辑上存在循环论证。Lakoff & Johnson(1987：265—266)提出的经验现实主义力图提供的主要理论之一是"关于语言的意义的认知模式"的理论。既有研究是以认知语言学的这一视角为起点，最终得出支持认知语言学的结论。这个结论得出的过程好比说因为餐桌是吃饭用的，所以经过对很多餐桌的研究，得出的结论是餐桌是吃饭用的，使推理过程陷入循环论证。只有来自语言以外的证据，以及应用心理学的实验研究方法才能打破这一逻辑僵局。很多学者(赵世开 1999a；沈家煊 1996；宫同喜 2014) 在研究中都强调了这一点。因此笔者认为有必要从认知方式入手，首先去发现认知方式在行为中是否体现出差异，再探究这些差异是否影响语言的加工，让数据自然显现，再依据数据得出结论。也只有这样，才能更全面地探究认知方式是否影响语言加工。

综上所述，针对汉、英本族语者的空间感知方式是否影响母语的加工这一问题，目前结论复杂，同时缺乏直接的实验数据的证明。本研究将应用心理学实验方法，考察这一问题。

2.2.3 空间感知方式对二语加工影响的研究

在语言学领域，对认知与第二语言关系的研究主要集中于语际影响研究。最早针对语际影响问题展开论述的是在语言接触研究领域(Weinreich 1953)。在二语习得研究领域，最早论述此现象的语言学家之一是 Lado(1957)，研究的理论背景是结构主义语言学及行为主义心理学。依据行为主义的观点，二语中的错误被归结于新旧习惯的差异的影响。20 世纪 70 年代，受到普遍语法(Chomsky 1964，universal grammar)及转换生成语法(transformational generative grammar)的影响，有语言学家(Dulay & Burt 1974)提出“L2＝L1 假设”，认为二语习得过程是由人类先天习得机制决定的，与母语无关。由于以上两种理论中，前者夸大母语影响，后者无法合理解释母语的影响，有学者(Selinker 1972)进一步提出“中介语”(interlanguage)概念。学习者语误不再被视为语言学习的负面因素，母语成为影响二语学习进展的因素之一(Selinker 1992)。80 年代，语言学家的研究(如 Gass & Selinker 1983; Kellerman & Smith 1986; Dechert & Raupach 1989)主要集中于对母语迁移的质化分析。语言学家开始将语言迁移看作积极的认知过程(如 Corder 1983; Kellerman & Smith 1986)。80 年代末，Odlin(1989)在认知框架内重新定义了二语习得研究中“迁移”的概念。

90 年代以来，语言学家们开始在认知语言学的框架内积极探索迁移的认知基础。认知语言学认为不同的认知方式是导致概念化系统及语言认知结构不同的主要原因之一(王寅 2007: 88)。在专注于在语言与认知互动的瞬间思维与语言关系的理论中，影响较大的是Slobin (1987，1991，1993)的为言而思假说(thinking for speaking)。在二语习得领域，为言而思假说重点关注的问题是：二语学习者的即时思维究竟是否以及在多大程度上受母语思维的影响；二语学习者究竟是否以及在多大程度上习得二语即时思维方式。研究主要集中在运动事件领域。研究主要以二语学习者对运动事件描述的口笔语语料(如Stam 1998；Cadierno & Lund 2004；Han & Cadierno 2010；Tomczak & Ewert 2015；Flecken et al. 2015)或语料结合非语言数据(Flecken et al. 2015；Brown 2015)为切入点。对于运动事件的研究表明，二语学习者的即时思维方式会随着学习时间的推移以及二语水平的提高而发生变化(Stam 1998；Cadierno & Lund，2004；Han & Cadierno 2010)；有研究在运动事件研究中发现二语学习者概念重组(restructuring)的证据(Athanasopoulos et al. 2015)；也有研究发现二语学习者手势语与母语及目标语均存在差异(Brown 2015)。以上实验以不同数据从不同角度证实，二语学习者语言影响即时思维。Slobin(1993)的研究认为儿童一直在通过习得母语发展自己的世界观与思维方式；母语特有的世界观及思维方式可能会影响到另一种语言的习得。Kellerman(1995：141)则用“无处迁移”(transfer to nowhere)来描述二语学习者在习得过程中下意识地尝试借用母语的概念范畴时，此范畴却与二语概念范畴不同，从而产生的“无处迁移”的现象。Jarvis(1998)在博士论文中通过实证研究，发现母语为芬兰语及母语为瑞典语的二语学习者，在描述运动事件及空间关系时存在差异，他将此差异解释为两组受试母语概念系统的差异。还有学者(Jarvis & Pavlenko 2008)对概念迁移相关问题进一步做了系统详尽的论述。文秋芳(2013，2014)提出认知比较分析假设，认为成人外语教学中，采用显性方式进行认知比较能够取得更好的教学效果。杨文星、文秋芳(2014)通过实验研究发现时间思维方式的差异存在于汉、英本族语者之间及汉语本族语者群体内部。杨文星(2015)提出“思维方式影响语言使用假说”，并通过实验研究发现“汉语的高水平英语学习者其习惯性思维方式很可能并没有受到第二语言的影响而发生变化”(杨文星 2015: 91),并依据实验数据推测“时间、空间这类基础而抽象的思维方式或概念范畴比较难改变”(杨文星 2015: 100)。

在心理语言学领域,研究主要集中于双语者如何在记忆系统中组织两种语言的心理表征,研究者提出了修正层级模型(revised hierarchical model, RHM)[Kroll & Stewart 1994: 158; 分布特征模型(distributed feature model, DFM)](De Groot 1984, 1992)等双语心理词库表征理论模型。这些模型的共同之处是均认为母语及二语两种语言虽然形式独立存储,但概念共同存储。

本研究重点之一是在认知框架下,考察空间感知方式对母语为汉语的英语学习者第二语言在线加工的影响。依据此研究重点所开展的研究目前在已发表的文献中还很少,本小节重点回顾两项研究(见表2.5): 王娟、张积家(2014)的研究,是以心理学实验研究方法考察第二语言对汉、英双语者背景—图形空间即时思维的影响; 杨文星(2015)的研究,是以心理学实验研究方法,在时间思维领域考察思维方式对母语及二语在线加工的影响。

表 2.5 空间感知倾向对二语加工影响的研究

研究目的	研究者	数据形式	主要结论	与本项研究的不同
启动语言对熟练汉、英双语者场景知觉的影响	王娟等(2011); 王娟、张积家(2014)	反应时及眼动数据	语言通过自身特性和句式特点影响汉—英双语者的场景知觉	此项研究考察语言对认知的影响,本研究考察认知对语言的影响。详细讨论参见3.1
时间思维对语言在线加工的影响	杨文星(2015)	排图频次数据及反应时数据	时间思维方式影响母语及二语的在线加工;汉语的高水平英语学习者其习惯性思维方式很可能并没有受到第二语言的影响而发生变化	研究结论在时间思维领域得出,本研究考察空间感知领域。详细讨论参见3.1

王娟等(2011)及王娟、张积家(2014)的研究探究了语言对即时思维的影响，具体考察的是启动语言对熟练汉—英双语者场景知觉的影响。

研究分三项实验进行，第一项是图文一致性的判断，其中启动项是文字，汉语启动材料为53个短式短语，如“花间蝶”；英语启动材料为53个5字短语，如“a butterfly in the flowers”。在48对图文对照材料中，16对图文意义完全一致，16对短语意义与图片中的前景(目标物)不一致，16对短语意义与图片中的背景不一致。研究发现，汉语启动时，背景不一致场景加工时间(1009ms)显著长于前景不一致场景(908ms)，前景不一致场景与图文一致场景(956ms)的加工时间差异不显著。这表明，加工前景不一致场景更容易，甚至短于图文一致场景；英语启动时，受试对背景不一致场景的加工(1140ms)和前景不一致场景的加工(1040ms)均显著长于图文一致场景(954ms)，表明加工两种不一致的场景都较困难。

第二项实验设计与第一项实验相同，材料难度扩充，研究发现语言特性、句式特点和语言熟练程度对汉—英双语者的场景知觉均有影响。第三项中，实验记录了受试的眼动情况。实验材料是44幅图文一致的图片，分别用汉、英语短语启动，请受试报告对图片的喜好程度。研究发现，英语启动下，受试对图片的总注视次数、对背景区的注视次数显著多；对背景区的注视时间显著长；汉语启动下，受试对前景区的注视次数显著多；对前景区的注视时长及平均注视时间显著长。英语启动下，平均眼跳幅度、转入前景区注视点的平均眼跳幅度均显著大于汉语启动。研究结论是语言通过自身特性和句式特点影响汉—英双语者的场景知觉。

对空间感知方式与二语在线加工关系研究的评价

王娟、张积家(2014)的研究以熟练汉—英双语者为受试，研究不同语言启动对汉、英双语者的场景知觉的影响。总的看来，该项研究设计存在如下问题。

第一，主体实验设计是语言启动，测场景一致任务的反应时，但该项研究未考虑干扰变量。场景一致性判断任务中，无法确定启动时间长短是否由短时记忆所致还是汉、英两种语言的差异所致。第二，眼动数据反应的注视时间长短及次数，与语言自身特点的作用并无直接的因果关系。第三，眼动数据受到光线、图片颜色、实验环境等诸多内外部因素的影响。

杨文星(2015)将Tohidian“思维方式决定语言的使用”(The way we think determines the use of language)(Tohidian 2009：61，转引自杨文星2015)这一思想发展为“思维方式影响语言使用假说”。该假说主张思维方式会对语言在线加工产生影响。杨文星(2015)通过四项对时间概念的实验研究验证该假说。其中针对汉语高水平英语学习者的实验得出的主要结论是：“汉语的高水平英语学习者其习惯性思维方式很可能并没有受到第二语言的影响而发生变化”(杨文星2015：100)。

针对汉、英双语者的空间感知方式是否影响二语的在线加工这一问题，目前研究已发表的文献还很少，本研究尝试应用心理学实验方法，在考察汉、英本族语者空间感知方式是否影响母语加工的基础上，进一步考察这一问题。

2.3 小结

本章首先明确了空间感知方式、背景—图形、语言加工等研究变量的抽象定义及操作定义，然后比较了本项研究与以往研究的不同，并对相关文献进行了回顾与评价。

第三章　本研究的理论假设和研究范式

本章首先在综述以往研究及相关理论的基础上，提出了“空间感知方式影响语言加工”假说，然后呈现了研究的思路与范式。

3.1　本研究的理论假设

本研究重点回答三个研究问题：(1)汉、英母语者空间感知方式是否存在不同的倾向性；(2)汉、英母语者空间感知方式的倾向性特征是否影响母语的在线加工；(3)汉、英双语者空间感知方式的倾向性特征是否影响二语的在线加工。其中，第一个研究问题是本研究的起点和前提，第二、三个研究问题是本研究的重点。

本研究与以往心理学界研究的不同在于研究方法(见表 3.1)。心理学界针对场景感知的研究得出结论的依据是眼动数据。本研究重点关注背景—图形空间感知次序，对此以往研究眼动数据尚无法得出确切结论。本研究采用了图形组合任务考察这一问题。前人以背景—图形相分离原则为基础对东、西方空间感知方式的研究较为广泛接受的观点是，西方人更关注图形，东方人更关注背景（Nisbett et al. 2001；Chua et al. 2005)。依据已有研究发现，本研究“空间感知方式影响语言加工”假说的第一项内容是：汉、英本族空间感知方式存在不同的倾向性特征，汉语本族语者是先背景后图形，英语本族语者是先图形后背景。本研究将通过研究问题一及实验 1 验证此项内容。

表 3.1 本研究与以往心理学界研究的不同

<table>
<tr><th>研究目的</th><th>研究者</th><th>与本研究的不同</th></tr>
<tr><td rowspan="3">比较东、西方受试对场景感知及记忆的异同</td><td>Chua et al. 2005</td><td rowspan="2">本研究关注的是东、西方个体对背景—图形空间感知次序的异同；而此两项研究重点关注东、西方个体对背景、图形注视的时长及注视点的多少，这些数据无法得出对于感知次序的结论</td></tr>
<tr><td>Rayner et al. 2007</td></tr>
<tr><td>Evans et al. 2009</td><td>尽管有第一个注视点的数据，但是这一数据不能得出有关感知次序的结论，因为第一个注视点有可能受到光线、图像的颜色及特征、实验环境等因素的影响</td></tr>
</table>

本项研究与以往语言学界研究(如刘宁生 1995: 360; 沈家煊 1996; 赵世开 1999a: 44; 赵世开 2001: 35; 俞咏梅 1999; 张克定 2007, 2009; 张璐 2002; 高文成 2008; 宫同喜 2014)的不同在于研究路径及研究方法。以往研究以语料为切入点，通过对语料的质性或量化分析，得出语序的规律，再推测语序不同的动因是否是认知因素。本研究采用心理学实验方法，以非语言行为实验为切入点，考察空间感知的倾向性特征，再考察这一特征是否影响语言的加工。(参见图 3.1 及 3.2)前人以背景—图形为基础进行的汉、英对比研究发现汉语语序具有明显的背景先于图形的特征(刘宁生 1995: 360; 沈家煊 1996; 赵世开 1999a: 44; 张克定 2007; 文秋芳 2013, 2014; 宫同喜 2014); 英语在语序上呈现为图形先于背景(Talmy 1972, 1988, 2000; Langacker 1987, 1991)。Lakoff & Johnson(1980: 126)认为: "我们说话的次序是线性(linear order)的。一个句子中，我们总是先说一些词，再说另一些词，由于说话的行为与时间相关(correlated)，时间又是依据空间进行概念化(conceptualize)的，因此空间概念(spatial concepts)会被直接物化(apply)于句子形式中。"依据已有理论及已有研究的推测性结论，本研究"空间感知方式影响语言加工"假说中第二项假设是:

汉、英母语者空间感知方式的倾向性特征影响母语在线加工。本研究将通过研究问题二及实验 2、3 验证此项内容。

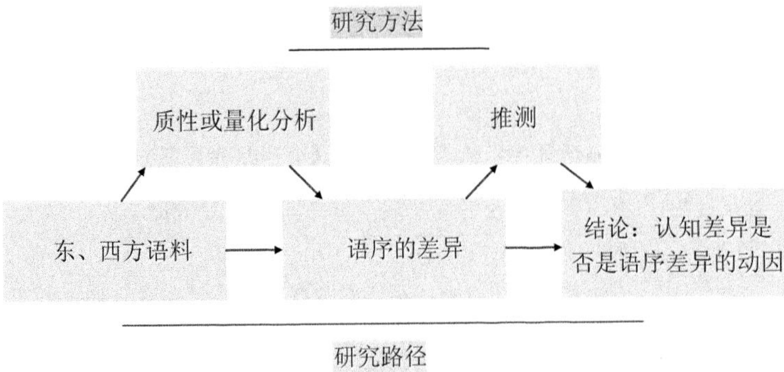

图 3.1　以往语言学界研究的路径

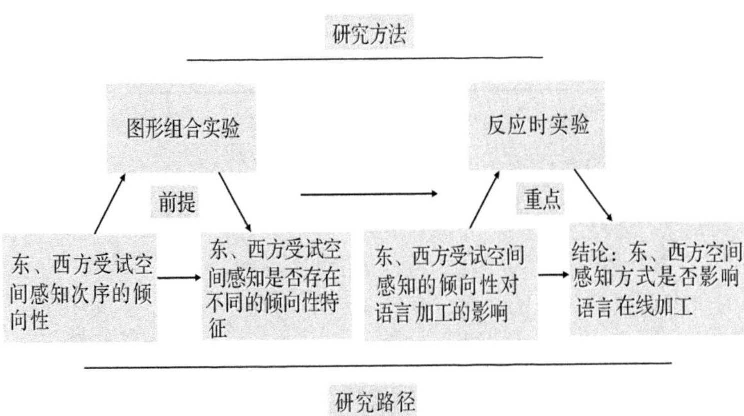

图 3.2　本研究的路径

本项研究与以往跨语言学及心理学界研究(王娟等 2011；王娟、张积家 2014)或者考察的方向不同；或者考察的领域不同(杨文星 2015)。(见表 3.2) 以 Tohidian(2009：61)"思维方式决定语言使用"理论为基础，杨文星(2015)以时间概念为研究对象，依据反应时数据得出的结论是“共时角度下时间思维方式会对二语加工产生影响”。依据杨文星(2015)在时间思维领域得出的结论，本研究“空间感知方式影响语言在线加工”假说的第三项内容是：汉、英双语者空间感知方式的倾向性特征影响二语在线加工，本研究将通过研究问题三及实验 4 验证此项内容。

表 3.2　本研究与以往跨语言学界及心理学界研究的不同

研究目的	研究者	与本项研究的不同
启动语言对熟练汉—英双语者场景知觉的影响	王娟等(2011)；及王娟、张积家(2014)	本研究考察空间感知方式对语言的实时影响；此项研究方向与本研究不同，考察语言对场景知觉的影响
时间思维对语言在线加工产生影响	杨文星(2015)	此项研究结论是通过考察时间思维对语言的影响得出的，本研究拓展了此项研究，考察空间感知领域的数据与时间思维领域的研究结论是否一致

总的来看，针对空间感知方式是否影响语言加工的问题，以往研究中的问题可以归结为以下几个方面。

第一，研究对象或者局限于对认知方式差异的考察(心理学界的研究)，或者只关注语序的差别(语言学界的研究)，均忽略了针对二者关系的研究需要将二者的关系作为研究对象，而不是只关注单方面的因素。由于前人的研究只关注了单方面的因素，对于背景—图形空间感知方式是否切实影响语言加工这一问题的回答目前还处于推测阶段。

第二，由于在理论上对认知的概念范畴界定模糊，对背景—图形等核心概念的界定不统一，致使研究的范围模糊，能够得出的结论也不明确。在针对语序的研究中，语料选择尚不具备成熟、统一的标准来确定哪些语料更具代表性，得出的结论难免受制于研究者预设的思维，导致了彼此不同甚至相对立的见解，对认知方式是否影响语言加工的问题，也很难得出客观的结论。

第三，研究结论缺乏直接的实验数据的证明。赵世开在推测英、汉两个民族不同的认知方式后指出“仅从语言表达上看，还不能确认这一论点，我们还需要有认知心理学的实验证明”(赵世开 1999b：30)，但目前应用心理学实验方法考察这一问题的研究还是空白。

第四，对于空间感知方式是否影响第二语言在线加工的问题，目前的研究还很少，主要集中于语言对于认知的影响，而对于全面地理解语言与认知的关系，认知对第二语言影响的研究维度必不可少。

鉴于当前研究中存在的问题，笔者认为首先需要明确界定研究的界限及范围，以便厘清研究的核心问题；其次，需要明确研究核心概念的定义及操作定义，以便确定研究的范式；再次，针对目前空间感知方式对语言在线加工影响屈指可数的情况，应加强此类研究，为当前研究的结论提供直接的实验数据的证明，结合理论建设，弥补现有研究存在的不足。本研究以作为认知语言学哲学基础的经验主义语言观为理论基础；采用心理学行为实验研究的方法；以背景—图形空间感知次序是否影响语言在线理解这一问题为切入点，考察汉、英母语者空间感知倾向对语言加工的影响。

3.2 研究思路与研究范式

本研究的框架见图 3.3。汉、英母语者背景—图形空间感知方式的倾向性特征，即研究问题一，是本研究的起点，也是进行后两项研究的前提。本研究实验 1 采用了非语言的行为实验。该实验要求受试将分别为背景和图形的两幅图，组合为一幅图，记录各组受试按先背景后图形次序组合图片的频次。

基于实验 1 的结果，本研究进行了实验 2 和实验 3，考察研究问题二。研究依据的是启动实验范式，回答背景—图形认知方式的倾向性特征是否影响汉、英本族语者母语的在线加工。设计实验 2 和实验 3 的基本逻辑是，如果在不同背景—图形次序启动这一空间概念的条件下，汉、英本族语者对本族语相同语序的句子(同一个句子)判断反应

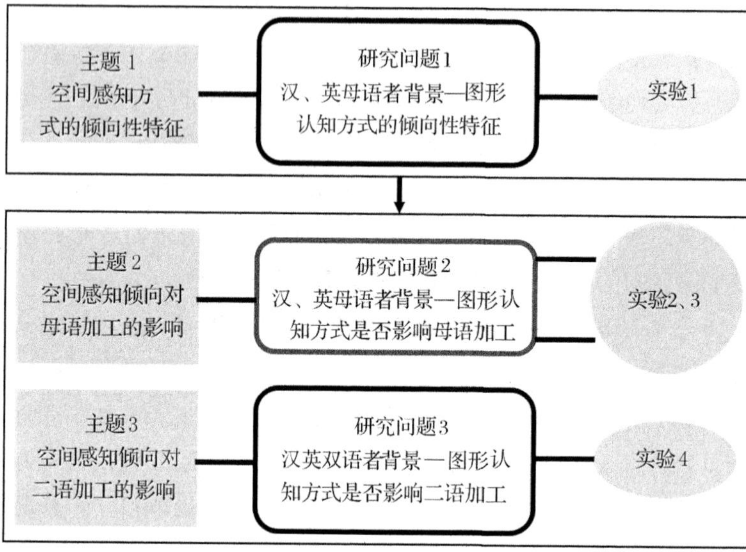

图 3.3　研究框架

时在组内存在显著性差异，则表明他们对语言理解反应时的不同可以归结为不同空间启动次序的作用；如果在不同背景—图形启动次序条件下，汉、英本族语者对相同语序的句子判断反应时在组内均无显著差异，那么认知方式与语言的在线加工之间就无必然的联系，只能归结为与认知方式无关的其他因素。

实验 2 的设计借鉴了前人(Boroditsky 2001；Chen 2007；Chua et al. 2005；January & Kako 2007；Tse & Altarriba 2008；王娟等 2011；王娟、张积家 2014；杨文星 2015)研究认知与语言在线关系的范式。实验 2 中，启动任务的基本流程是：计算机屏幕上呈现非语言启动刺激(一组含图形及背景的自然场景图，一半实验项按先背景后图形的次序呈现，另一中实验项按先图形后背景的次序呈现)，接着屏幕上呈现语言目标刺激，受试需要做图文一致性判断，具体任务是判断一个表征背景—图形关系的存在句(例如："山上有座庙")对前面呈现的场景图内容的描述是否正确。实验 3 在实验 2 的基础上设计，但在流程设计上做出了一些重要的调整。在实验 2 中，对背景—图形启动的动画内容与目标项句子内容相关，因此在启动动画时，语言有可能得到提前加工和激活，受试判断目标项依据的是对语言的短时记忆。在实验 3 中，启动的动画内容与目标项句子内容无关，在呈现目标判断页后，再呈现与图片有关的颜色判断信息，以确保受试能够认真观看动画，同时，这样的设计可以避开启动动画对语言的引导和激活，以确保启动效应的大小就是启动次序所具有的启动力量的大小。

基于实验 1、2 和实验 3 的结果，本研究进行了实验 4，考察研究问题三，即空间感知方式的是否影响汉、英双语者二语的在线加工。实验范式同样采用了启动实验范式。实验 4 与实验 3 基本流程相同，不同之处是语言目标刺激为英文。设计实验 4 的基本逻辑是：第一，如果使用不同背景—图形次序启动条件下，汉、英双语者对目标语相同语序的句子(同一个句子)判断反应时在组内存在显著性差异，则表明他们对语言理解反应时的不同可以归结为不同背景—图形次序启动的作用；如果使用不同背景—图形次序启动这一空间概念条件下，汉、英双语者对相同语序的句子判断反应时在组内均无显著差异，那么认知方式与语言的在线加工之间就无必然的联系，只能归结为与认知方式无关的其他因素。

3.3 小结

本章综述了本研究与以往研究的不同，并通过综述以往研究的相关结论，提出“空间感知方式影响语言加工”假说。该假说主要内容是：(1)汉、英母语者空间感知方式存在不同的倾向性；(2)汉、英母语者空间感知方式的倾向性特征影响对母语的在线加工；(3)汉、英双语者空间感知方式影响对二语的在线加工。本书第四、五、六、七章将通过实验具体验证这三项假设。最后本章呈现了本研究的思路与研究范式。

第四章　实验 1：汉、英本族语者空间感知方式的倾向性特征

本章介绍实验 1。实验 1 考察的是汉、英本族语者空间感知方式的倾向性特征。本章由基本研究目的与假设、研究设计、研究结果及讨论四部分构成。

4.1　研究目的与假设

实验 1 是本项研究的起点，具体考察汉、英本族语者空间感知方式是否存在不同以及具体有何差异。本项实验的具体假设是：汉语本族语者与英语本族语者的空间感知次序不同；汉语本族语者是从背景到图形；英语本族语者是从图形到背景。

4.2　研究设计

4.2.1　受试

本研究受试(见表 4.1)为汉、英本族语者共 80 人。

汉语本族语组 40 人，现均为国企职工，其中男性 30 人，女性 10 人；年龄 27—50 岁，平均年龄 40.9 岁，视力正常或矫正后正常，均为右利手，均无去英、美、加、澳经历，均无英语考级经历，平均未使用英语时间 17.9 年；部分受试会用英语打招呼，但均不具备使用英语进行基本交流的能力，在日常生活及工作中均无接触英语的机会。由于在中国专科以上、不具备用英语进行基本交流能力的汉语单语者，年龄通常在 40—50 岁之间，但他们都能熟练进行基本电脑操作。

英语本族语者40人，其中男性29人，女性11人，包括短期来中国教授英语的英、美籍教师、中国高校短期留学或来中国交流访问的留学生，母语均为英语。平均年龄21.95岁，均为右利手，均无汉语考级经历，平均学汉语时间1.3年，来中国时间最短半个月，最长6个月。

所有实验对象均自愿参加研究，受试在完成实验后会获得一定现金报酬。

表4.1　实验1受试信息简表

	人数	性别		平均年龄	文化程度
		男	女		
英语本族语组	40	29	11	21.95	本科或本科以上
汉语本族语组	40	30	10	40.9	本科或本科以上

4.2.2　研究材料

运用PowerPoint制成的图片组合任务页面，每个页面一个图片组合任务，共23个。页面共分为三组：学习材料组(3个页面)，实验目标材料组(10个页面)及实验干扰材料组(10个页面)。每个页面(见图4.1、图4.2)平均分割为四部分。页面右上角是一幅兼具图形及背景的图片；右下角是空白，是受试组成新的图片的地方；页面左侧的两部分是将右上角的图拆分开的两幅图，其中一幅为背景，另一幅为图形。实验目标材料组的10个页面里需要组成的目标图片均依据已有文献中讨论过的存现句，从互联网中获取，图片均为包含背景及图形的自然场景图片，均由10名研究生(中文系和英语系学生各5名)运用汉语和英语对图片进行描述，与选取的句子相吻合；对每张场景图中背景及图形，也均由10名受试(中文系学生5名及英语为母语的留学生5名)进行区分和确定，与研究中依据Talmy(2000)的定义确定的背景、图形相吻合。每个页面左侧图形及背景分开放置的两张图片排列的上下次序进行了随机处理。

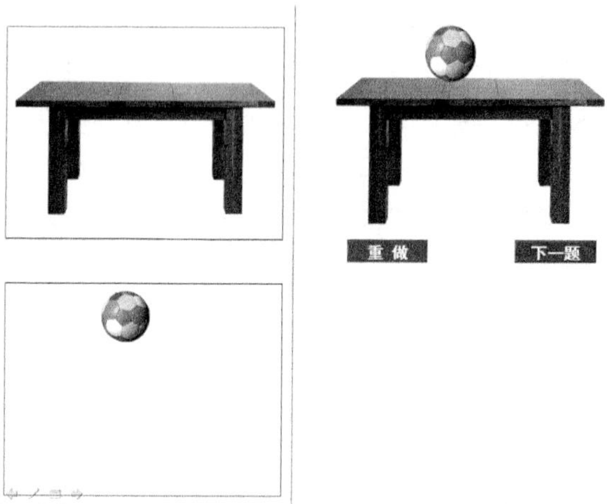

图 4.1　实验 1 目标任务页面

3 幅学习材料及 10 幅干扰材料体现的均是上下、左右、左上右下或右上左下的空间关系，并且比例对等(示例见图 4.2)；干扰页面需要组合的两幅图不是图形及背景，而是均等的两个图形。全部材料都

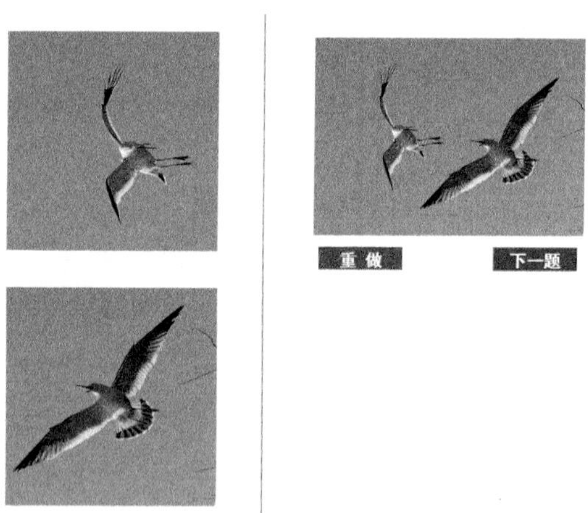

图 4.2　实验 1 干扰材料页面

运用 Photoshop 统一设置大小(709×567 像素)。研究人员按页面数，自制随机抽签小程序，全套页面随机排序三次，形成内容相同、次序不同的三套题，分别运用 PowerPoint 制成。

4.2.3 实验任务

实验过程中，受试需要完成的任务是通过点击每个页面左侧的两幅图，在页面的右下方，组成一幅与页面右上方的示例一样的场景图片，并要求受试尽可能快速地完成任务。依据前期研究的结果，将每一项任务限定为 6 秒内开始组合图片(前期研究结果显示，确定为 5 秒时，6%的受试可能因焦虑，产生操作错误)。对英语本族语者指令语言为英语，对汉语本族语者指令语言为汉语。

4.2.4 研究程序

实验地点为教室、办公室、会议室等安静不受打扰的场所。分为抽题、练习及测试三个阶段。基本情况调查阶段，受试填写基本情况，全体受试填写年龄、性别、专业职业及是否右利手，汉语单语组填写英语学习的起始年份，停止英语学习及使用的年份，是否有去英语为本族语国家的经历，是否有学习其他语言的经历。英语单语组受试需要填写汉语学习的起始年份，语言背景，以及是否有来亚洲国家的经历，如果有需要写明次数及逗留时长。抽题阶段，受试从三套经随机排序的题中随意抽取一套。练习阶段，研究者明确告诉受试在实验中需要完成的任务。正式实验时，受试坐在计算机前，实验者播放实验程序，实验开始后到受试实验任务完成期间，研究者和受试都不再使用语言。研究者不对受试进行任何干扰。每次实验 1 位受试参与，研究者先征得受试同意，然后用手机中的照相机软件将受试组合图片的整个过程拍成视频文件。完成图片组合任务后，研究者发给受试一份简单的问卷。受试需要回答“为什么要以这样的方式组合图片? A. 自然而为，无特别原因；B. 其他原因，请写明。”汉语本族语受试问卷语言为汉语，英语本族语受试问卷语言为英语。最后，研究者将现金报酬发放给受试。

4.3 结果与分析

研究者通过观看受试组合图片的视频文件对频次进行人工统计。分析时删去19名受试的无效数据，有效受试共61名。删除数据的原因主要有四类。第一，受试完成全套任务完全按照先上后下或者先下后上次序。这类数据无法准确体现受试组合图片的认知加工次序，据此原因研究者删除3名受试的数据。第二，目标项选择重做。在任务页面上，有两个主要按钮，“重做”和“下一题”(见图4.1)，选择重做目标项的受试，其加工次序有可能受到其他因素的影响，体现的不一定完全是受试习惯性的空间感知次序，据此原因研究者删除2名受试的数据。第三，次序不明了。个别受试由于连续快速点击两张图片，视频中显示出来的组合次序不明确。研究者据此原因删除3名受试的数据。第四，视频破损或者文件打不开。研究者据此原因删除11名受试的数据。

并非每位受试在组合全部10套目标图片时，均采用先背景后图形或先图形后背景1种方式。笔者将10个目标项中，按同一种次序组合图形频次为9次及9次以上的受试确定为该种空间感知次序的受试；两种组合图形频次为5次的受试划分为两种认知次序相均衡的受试。受试呈现出的空间感知倾向性参照以往研究中采用的方法(Bergen & Lau 2012，转引自杨文星 2015)，将受试采用的最主要组合图形的方式(各种图形组合频率中使用最高的一种)作为其最终的图形组合结果，表4.2中呈现了两组受试呈现出的空间感知倾向的最终比例。

数据显示，汉语单语组(汉语组1)31位有效受试中，29位完全呈现出先背景后图形的空间感知次序(93.54%)(10个目标项中，至少9项按先背景后图形的次序进行组合)。另外2位受试在10个目标项中，均有8项按先背景后图形的次序组合图形，参照以往研究中采用的方法，将此2位受试采用的最主要组合图形的方式(各种图形组合频率中使用最高的一种)作为其最终的图形组合结果，10个目标项中，汉语单语组全部受试都至少有8项按先背景后图形次序组合图形。因此，汉语本族语组呈现出先背景后图形空间感知倾向性的受试比例为100%(见表4.2)。

英语本语族组受试呈现出三种认知次序：先背景后图形、先图形后背景及两者相均衡。31位受试中，3位(9.67%)受试按先图形后背景次序组合图形(10个目标项中，至少9项按先背景后图形的次序进行组合)；4位(12.90%)受试按先图形后背景次序组合图形(10个目标项中，至少9项按先图形后背景的次序进行组合)；5位(16.12%)受试两种次序均相均衡(10个目标项中，5项按图形到背景次序组合)。其他19位受试中，有11位受试在10个目标项中，均有6至8项按先背景后图形的次序组合图形，参照以往研究中采用的计数方法，将此11位受试采用的最主要图形组合方式，即先背景后图形，作为其最终的图形组合结果；其他8位受试在10个目标项中，均有6至8项按先图形后背景的次序组合图形，将此8位受试采用的最主要图形组合方式，即先图形后背景，作为其最终的图形组合结果。因此，英语本族语组呈现出先背景后图形空间感知倾向性的受试共14位，比例为45.16%；呈现出先图形后背景空间感知倾向性的受试共12位，比例为38.71%；两种次序均相均衡的受试共5位，比例为16.13%(见表4.2)。每套题目中各组受试按先背景后图形方式组合图形的频次总表请参见附录9。

为方便统计，笔者将实验材料中每套题包含的10个目标项，按照各组每位受试每从背景到图形次序组合目标项一次为10分，每套题满分为100分的计分方法，得到的数据使用SPSS 18.0进行分析，得到汉、英本族语受试整体空间感知倾向性特征的比较结果(见表4.3)。

表 4.2 汉语本族语者及英语本族语者组合图片的方式及比例

排列次序	英语本族语组受试		汉语单语组受试	
	人数	百分比	人数	百分比
先背景后图形	14	45.16%	31	100%
先图形后背景	12	38.71%	0	0%
两者相均衡	5	16.13%	0	0%
总计	31	100%	31	100%

表 4.3 英语本族语者和汉语本族语者组合图片得分

组图得分	汉语本族语组		英语本族语组		MD	$t(32.76)$
	M	SD	M	SD		
	95.80	6.20	50.32	28.92	45.48	8.56

注：$p<0.05$；MD 是两组间均值差异。

独立样本 t 检验结果显示，变异数同质性 Levene 检验显著($F=31.60$，$p=0.001<0.05$)，表示这两个样本离散情况存在显著差异。由不假设变异数相等的 t 值与显著性，发现按先背景后图形次序组合图形的得分，在汉语母语组与英语母语组间存在显著差异($t=8.56$，$df=32.76$，$p<0.05$)。汉语母语组受试，他们按先背景后图形次序组合图形得分显著高于英语母语组(MD=45.48)。

4.4 讨论

本研究实验 1 结果显示，汉语本族语组受试呈现出明显的先背景后图形的认知次序(M=95.80)，他们按先背景后图形次序组合图形得分显著高于英语本族语组(MD=45.48)。对英语本族语组来说，先背景后图形及先图形后背景两种加工方式组合图形的频次得分之间，未呈现出显著差异(M=50.32)。具体来说，汉语本族语组呈现出先背景后图形空间感知倾向性的受试比例为100%。英语本语族组受试呈现出三种空间感知倾向：先背景后图形(45.16%)；先图形后背景(38.71%)及二者相均衡(16.13%)。

针对汉、英本族语者背景—图形空间感知方式是否存在差异这一问题，Chua et al.(2005)的研究发现美国受试注视前景时间早、时间长，中国受试注视背景时间长。Rayner et al.(2007)的研究显示，中国受试和美国受试注视背景的平均时间长短没有显著差异(Rayner 2007：9)；Evans et al.(2009)的研究发现所有受试对图形注视次数都多于对参照物注视次数；对图形的注视时间长于对参照物注视时间。与上述研究相比，本研究结果为Chua et al.(2005)"中国受试更注重背景"这一研究发现提供了数据支持，但Chua et al.(2005)的研究并未进一步探究英语本族语组内也存在差异的可能性。对英语本族语组内部存在差异的原因，在目前已有文献中，尚无法找到合理的解释，笔者在后续的研究中，将进一步探究这一问题。

另外，由于实验1中，对汉语单语组受试的选取条件是十年以上未使用英语的汉语母语者，因此汉语单语组受试年纪偏大，平均年龄比英语本族语组大18.9岁，年纪的差异可能影响实验结果。因此在本研究实验3通过选取初级英语水平，但年龄与英语本族语组年纪相近的受试参与本项实验，进一步验证本项实验结果。

4.5 小结

本研究实验1考察了汉、英本族语者空间感知方式的倾向性特征，表明汉、英本族语者空间感知方式存在一定差异。与以往研究较笼统的结论相比，本研究对汉、英本族语者之间的差异做出了更为细致的描述。研究发现，汉语本族语者具有明显的先背景后图形的认知倾向性，英语本族语者中呈现出三种情况：先背景后图形、先图形后背景，及二者相均衡。

第五章　实验 2：空间感知方式对母语图文一致性判断的影响

本研究实验 2 及实验 3 旨在验证空间感知方式假说的第二项内容，即空间感知方式影响母语的在线加工。本章详细介绍实验 2。本章由研究目的及假设、研究设计、结果与分析及讨论四部分构成。

5.1　研究目的及假设

实验 2 的目的是，探究汉、英本族语者空间感知方式的倾向性特征，是否影响他们对图文一致性判断任务的反应时。依据实验 1 的结果，笔者对实验 2 的假设是，汉语母语受试对同一个句子的判断时间，在先背景后图形启动条件下明显短于先图形后背景启动条件下的判断时间。英语母语受试先背景后图形及先图形后背景两种启动条件下对同一个句子的判断时间不存在显著差异。

5.2　研究设计

5.2.1　受试

受试为 60 名汉、英本族语者。其中汉语本族语者 31 人，英语本族语者 29 人。汉语本族语者均为某高校理科系本科一年级学生，年龄 18—20 岁，平均年龄 19 岁，视力正常或矫正后正常，无去英语国家经历，均为右利手，均无英语考级经历，平均学习英语时间 9.68 年。英语本族语者中有短期来中国教授英语的英、美籍教师，也有美国高校短期留学或来中国交流访问的留学生，年龄 19—42 岁，平均年龄

22.59岁，均为右利手，母语均为英语，平均学汉语时间1.32年，均无汉语考级经历，来中国时间均不超过半年(受试描述见表5.1)。

表5.1 实验2受试信息简表

	人数	性别		平均年龄	文化程度
		男	女		
英语本族语者	29	18	11	22.59	本科或本科以上
汉语本族语者	31	20	11	19	本科或本科以上

5.2.2 实验设计

本实验采用双因素混合实验设计，自变量为语言(分为汉语及英语两个水平)，和图形—背景概念启动次序(分为先图形后背景及先背景后图形两个水平)；因变量为受试进行句子正确性判断的反应时与错误率。研究考察汉、英本族语者两组受试在不同启动条件下判断目标语句的反应时及正确率。

5.2.3 实验材料

实验材料采用E-Prime 2.0编程，包括图片和文本。整个实验包含3组学习材料和30组实验材料。30组实验项目中，20个目标项，10个填充项。每个实验项目包括一个启动刺激和一个目标刺激。受试需要判断目标页面上的句子内容是否与启动项呈现的动画内容一致。

目标项

目标项由启动刺激和目标刺激构成。启动刺激是20项动画，每项动画呈现的都是一个背景—图形概念。每项动画由两张图片相继播放，一张为图形，一张为背景，每幅图像大小一致，比例依据原始场景图片制作，均使用Photoshop软件统一编辑。动画呈现的次序有两种：先背景后图形和先图形后背景，每种次序为10项。

有关项目数问题，前期测试中设计了40项启动刺激，20项先背景后图形，20 项先图形后背景，但正确率仅为 71.73。因此，第二轮前期测试中，将目标项确定为 20 项，正确率提高为 93.12。项目数减少后，未影响整体测试结果，因此决定将最终目标项的项目数确定为 20。

20 项启动刺激各依据 1 个存在句从互联网中获取。选取的图片均为包含背景及图形的场景图片，由 10 名研究生(中文系和英语系学生各 5 名)运用汉语和英语对图片进行描述，与选取的句子相吻合。每个启动刺激包含两张图片，一张是背景，一张是图形，两张图原属同一张场景图片，由 10 名研究生(中文系学生和英语为母语的留学生各 5 名)对每个场景图片中呈现的背景、图形的认定均与实验中确定的背景、图形一致。图片均运用 Photoshop 统一设置大小后再运用 Photoshop 将图形及背景分离开。

有关启动刺激 SOA (Stimulus Onset Asychrony) 的确定，依据前人相关研究(Boroditsky 2001；杨文星 2015)，将其设定为 3000ms。

目标刺激是 20 个存在句。其中 10 项内容与动画内容一致(例如动画中是房子旁边有辆自行车，文字描述为“房子旁边有辆自行车”)，10 项不一致(例如动画中是房子旁边有辆自行车，描述是“山脚下有条河”)，要求受试判断动画内容与文字内容是否一致。中文的存在句一律是典型的先背景后图形语序；英文的存在句一律是典型的先图形后背景的语序(例如：山上有座庙/There is a temple on the mountain；山脚下有条河/there is a river at the foot of the mountain；桌子上有个球/there is a ball on the table)。对于汉语本族语受试，目标语句为中文，对于英语本族语受试，目标语句为英文。中英文目标语句内容完全相同。

目标刺激时间在前期测试中将其分别设定为 5000ms 及 6000ms，此限定使目标项平均准确率均低于 90%，分别为平均 66%及 72%。因此在正式实验时，将其最终设定为“直到响应”(on until response)。

因为本实验的目的是考察思维方式对语言加工的影响，对背景—图形不同的启动次序触发其固有的背景—图形加工次序。对于汉语本族语受试来说，先背景后图形的启动次序如果触发他们原有的习惯性认知加工次序，即先背景后图形的认知加工次序，如果思维影响语言，那么对先背景后图形的语序的汉语存在句的加工速度，将明显快于先图形后背景的启动次序条件下，他们对同一个语句的判断速度。对于英语本族语受试来说，如果他们的习惯性认知加工次序是已有文献中的结论，即先图形后背景，那么这一次序的启动也将触发他们的先图形后背景的认知加工次序，同样的道理，他们对先图形后背景的存在句的加工速度将明显快于先背景后图形启动条件下，对于同一语句的加工速度。

每个目标刺激在整个实验过程中出现两次。第一次出现在先图形后背景启动刺激后，第二次出现在先背景后图形启动刺激后。为了排除受试因为熟悉了目标刺激，致使判断速度快于正常速度或影响正确率的可能性，笔者采取了两项措施：第一，添加10个填充项目，随机分布于测试项目间。第二，笔者制作了随机排序的程序，将全套任务随机排列三次，形成内容相同、次序不同的三套试题。实验开始后，受试随机抽签确定做哪一套次序的测试。

填充项

实验程序中包含10个填充项。填充项与练习及测试项构成情况相同，每个填充项目包含一个启动刺激和一个目标刺激。启动刺激的动画体现的不是背景与图形关系。启动刺激的样式请参见图5.1。10个填充项具体内容各不相同，没有重复。填充项有目标语句10项，正确与错误目标语句各占一半(例如，图所示的刺激项的目标判断语句为：交通灯由绿变红了)。填充项与目标项一起参与整套题的随机排序，填充项结果不参与数据分析及结论。

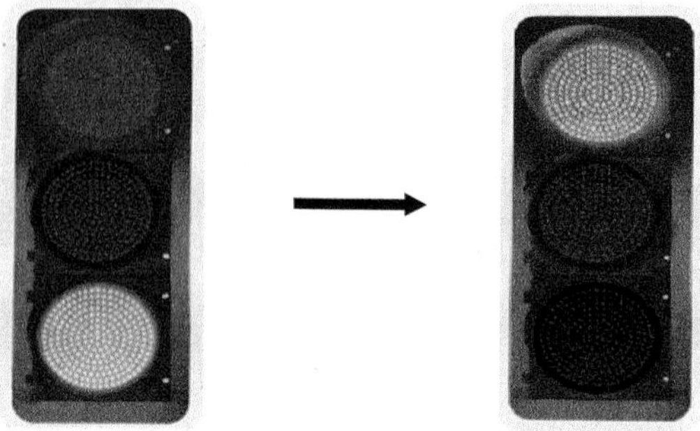

图 5.1 填充项启动刺激

5.2.4 实验任务

实验过程中，受试需要完成的任务是判断启动刺激与目标刺激语句内容是否一致。研究者记录对目标语句判断的正确率及反应时。对英语本族语者指令语言为英语，对汉语本族语者指令语言为汉语。

5.2.5 实验程序

采用 E-Prime 2.0 编程并收集数据，在笔记本电脑上呈现刺激。完整实验测试流程见图 5.2。实验分为抽题阶段，练习阶段及实验阶段三个阶段。在抽题阶段，受试从三套经随机排序的题中随意抽取一套。练习阶段，研究者明确告诉受试在实验中需要完成的任务：屏幕上出现两幅图像，受试仔细观察图像，然后在目标页面中央出现一个存在句，如“桌子上有一个球(对于汉语本族语受试目标页面上的句子为中文)”/“There is a ball on the table”(对于英语本族语受试目标页面上的句子为英文)，受试需要判断句子内容是否与动画内容一致。正确按下“F”键；错误按下“J”键(详细指令请参见附录 3)。受试可以重复做练习项目，直至完全熟悉流程，实验随即进入实验阶段。正式实验程序与练习阶段完全相同，只是内容不同。实验阶段，受试坐在计算机前。程序运行后，首先呈现启动刺激(3000ms)，启动刺激消失后，呈现目标刺激(直至响应)，要求受试又快又准地判断目标页面上的句子内容是否与动画内容一致，即在目标刺激页面上，正确按下“F”键；错误按下“J”键。为保证实验的正确率，受试完成一半项目(即实验阶段完成15项)后受试休息一次，再继续其余的项目(15项)，休息时间的长度由受试自行确定。每名受试需要完成30次判断，其中，背景到图形启动后判断10次，图形到背景启动后的判断10次，另外10次是对填充项的判断。计算机自动记录从目标页文字呈现到受试做出反应的反应时及正确率。整个实验过程平均需要10分钟。

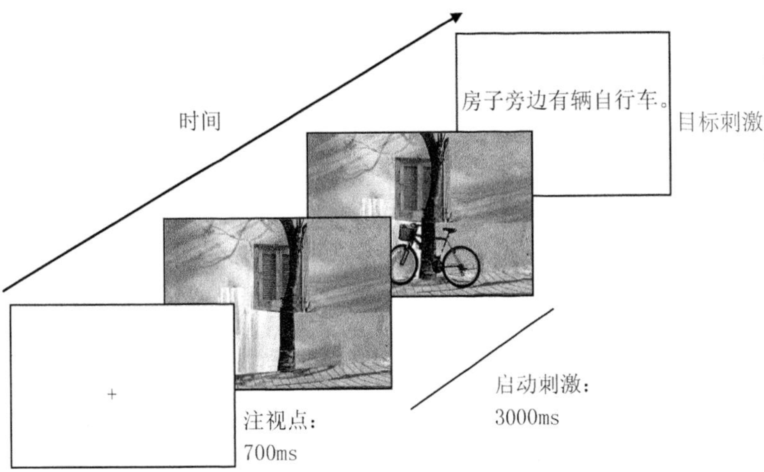

图5.2　实验2完整实验测试流程图

5.3　结果与分析

实验2的目的是分别考察汉、英本族语者在不同启动条件下判断目标语句的反应时及两组受试各自在不同启动条件下判断目标语句的正确率，本项实验中进行组间比较的是汉、英本族语者各自在不同启动条件下判断目标语句反应时的差异。

在实验任务中，正确率是判断受试数据有效性的重要参考依据，正确率低于90%的受试的数据将被剔除。本实验中三位受试正确率低于90%，其中包括2位汉语本族语受试及1位英语本族语受试。删除正确率低于90%的受试后，本研究有效受试共57人，其中英语本族语受试28人，汉语本族语受试29人。数据用SPSS 18进行分析，对反应时分析后，研究者对先图形后背景启动条件下离平均值±3个标准差以外的反应时数据，及在先背景后图形启动条件下离平均值±3个标准差以外的反应时数据也进行了剔除。

双因素组间方差分析结果显示(见表5.2、图5.3)，启动方式对反应时的主效应显著[$F(1, 110)=39.19$，$p<0.05$]，语言类型对反应时的主效应不显著[$F(1, 110)=0.64$，$p>0.05$]。此外，启动方式和语言类型对反应时的交互作用显著[$F(1, 110)=62.44$，$p<0.05$]。简单效应检验结果显示(见图5.3)，在先背景后图形启动条件下，汉语本族语组反应时明显快于英语本族语组(MD=231.4，$p<0.05$)；在先图形后背景启动条件下，汉语本族语组反应时明显慢于英语本族语组(MD=179.14，$p<0.05$)；两种不同概念启动对汉语本族语组语言在线理解反应时产生显著影响，背景到图形启动条件下汉语本族语组语言在线理解反应时显著快于图形到背景启动条件下的反应时(MD=464.37，$p<0.05$)；两种不同概念启动条件下，英语本族语组母语在线理解反应时不存在显著差异(MD=53.83，$p>0.05$)。

表5.2　汉、英本族语组不同概念启动下反应时

	汉语组($n=58$)				英语组($n=56$)			
	背景到图形($n=29$)		图形到背景($n=29$)		背景到图形($n=28$)		图形到背景($n=28$)	
反应时间	M	SD	M	SD	M	SD	M	SD
	1798.73	187.52	2263.1	182.66	2030.13	136.24	2083.96	187.54

注：$p<0.05$。

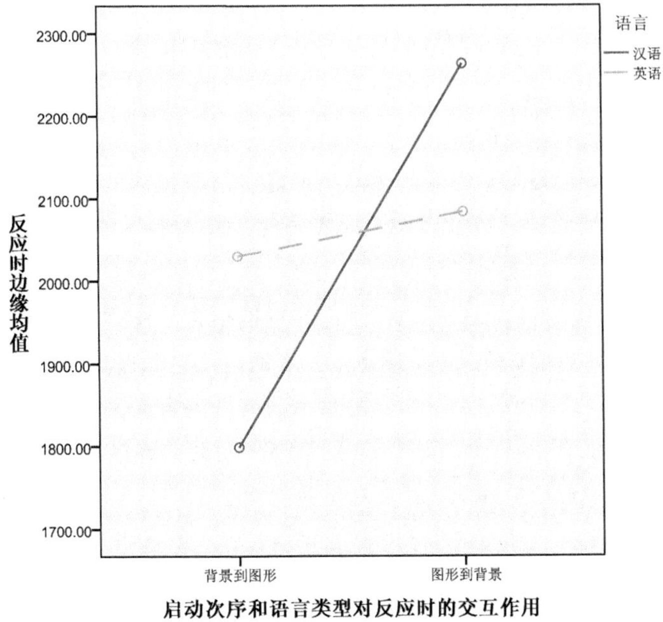

图 5.3　实验 2 启动次序和语言类型对反应时的交互作用

5.4　讨论

本实验数据结果表明，思维方式对于语言加工的影响，在汉语母语组显示得很明确，对于汉语受试，数据显示其思维中先背景后图形的认知次序得到了有效激活，并直接促进了其对先背景后图形语言表达次序的理解加工。对先背景后图形句子的反应时明显短于先图形后背景语言表达次序的反应时。

英语母语组的数据与认知加工次序的数据一致，但未能明晰地展示思维方式对语言加工的在线影响。英语母语者先背景后图形的认知数据及先图形后背景的认知数据反应时差异不明显，与排图数据的结果一致。反应时的数据是否是受到认知次序规律影响还是其他因素造成的？这一点数据的结果并不明确。

笔者发现，实验设计的某些细节可能有值得进一步优化调整之处，主要体现在任务中启动刺激的呈现方式上。根据实验材料的设置，笔者推测，目前的启动刺激可能会启动语言。如果该启动刺激启动了语言，数据中显示出来的便并不是单纯认知次序的启动效应，而是启动了的语言本身或是对启动了的语言的记忆对语言加工的影响。因此有必要调整研究设计，通过实验 3 对本研究的基本假设再次进行验证。在研究设计方面，笔者进行了如下调整：第一，实验 2 中，对背景—图形启动的图片内容与目标项句子内容直接相关，请受试做的是图文一致性的判断，因此在启动动画时，语言有可能得到提前加工和激活。在实验 3 中，启动项的图片内容与目标项句子内容无关。第二，为确保受试认真观看动画，目标项判断后需要做与图片颜色信息相关的判断。这样的设计能更好地避开启动图片对语言的引导和激活并确保受试认真观看图片。从而进一步确保启动效应的大小是启动次序所具有的启动力量的大小。第三，增加一项实验任务即任务 1，使结论可以在任务间得到互证。任务 1 的设计与实验 1 相同，增加任务 1 可以进一步考察英语本族语组中，按不同次序启动动画时，对同一个句子判断反应时的规律。

5.5 小结

实验 2 考察了汉、英本族语者空间感知方式对在语言在线加工的影响。汉语本族语者的实验结果可证明本研究假设，而英语本族语者的实验结果尽管与认知次序结果一致，但不足以明确印证研究假设。通过调整研究设计，笔者将通过实验 3 对本研究的“汉、英本族语者空间感知方式影响语言在线加工”这一假设再次进行验证。

第六章 实验 3：空间感知倾向对语句的语义合理性判断的影响

实验 3 的目的与实验 2 相同，检验空间感知方式是否影响母语的在线加工。实验 3 对实验 2 研究设计的一些细节进行了合理调整，进一步离晰对启动量潜在的影响因素。本章由实验目的及假设、任务 1 和任务 2 的研究设计、结果与分析及讨论五部分构成。

6.1 实验目的及假设

实验 3 的目的是：探究汉、英本族语者空间感知方式的倾向性特征是否影响语句的语义合理性判断任务的反应时。依据实验 1、2 的实验结果，笔者对实验 3 的假设是：汉语母语受试对同一个句子的判断时间，在先背景、后图形启动条件下明显快于先图形、后背景启动条件下的判断时间；英语母语受试先背景、后图形及先图形后背景两种启动条件下对同一个句子的判断时间不存在显著差异；在英语母语受试组内部，在任务 1 中按先背景后图形次序组合图片的受试，对同一个目标语句的判断时间，在先背景后图形启动条件下明显慢于图形到背景启动条件下受试对目标句的判断；在任务 1 中按先图形后背景次序组合图片的受试，对同一个句子的判断时间，按先图形后背景启动条件下对目标语句的判断时间明显快于背景到图形次序启动条件下受试对目标句的判断。

6.2 研究设计：任务 1

6.2.1 受试

汉语本族语组(汉语 2 组)40 人，男女各 20 人，均为某高校理工科专业本科一年级学生，年龄 17—19 岁，平均年龄 18.90 岁，均为右利手，均未参加过大学英语四级考试，均无出国经历，学习英语时间平均 9.8 年，但英语水平较初级，因为目前国内发表文献中对于英语初级水平并无明确界定，因此实验中，笔者将该组学生界定为英语水平 1 组。

英语本族语者 40 人，其中男性 29 人，女性 11 人，包括短期来中国教授英语的英、美籍教师、中国高校短期留学或来中国交流访问的留学生，母语均为英语。平均年龄 20.91 岁，均为右利手，均无汉语考级经历，平均学汉语时间 1.3 年，来中国时间最短半个月，最长 6 个月。所有实验对象均自愿参加研究，受试在完成实验后会获得一定现金报酬。受试基本情况见下表 6.1。

表 6.1　实验 3 任务 1 受试信息简表

	人数	性别		平均年龄	文化程度
		男	女		
汉语本族语组	40	20	20	18.90	本科或本科以上
英语本族语组	40	29	11	20.91	本科或本科以上

6.2.2 实验材料

实验材料与实验 1 相同。图片组合任务页面共 23 个。页面共分为三组：学习材料组(3 个页面)，实验目标材料组(10 个页面)及实验干扰材料组(10 个页面)。每个页面平均分割为四部分。页面右上角是一幅兼具图形及背景的图片；右下角是空白，是受试组成新的图片的地方；页面左侧的两部分是将右上角的图拆分开的两幅图，其中一幅为背景，另一幅为图形。每个页面左侧图形及背景分开放置的两张图片排列的上下次序进行了随机处理。

3 幅学习材料及 10 幅干扰材料体现的均是上下、左右、左上右下或右上左下的空间关系；干扰页面需要组合的两幅图不是图形及背景，而是均等的两个图形。研究人员按页面数，自制随机抽签小程序，全套页面随机排序三次，形成内容相同、次序不同的三套题。

其中汉语本族语受试使用汉语版实验材料，实验指示语为汉语；英语本族语受试使用英语版实验材料，实验指示语为英语。

6.2.3 实验任务

实验任务与实验 1 相同。实验过程中，受试需要完成的任务是通过点击每个页面左侧的两幅图，在页面的右下方，组成一幅与页面右上方的示例一样的场景图片，并要求受试尽可能快速地完成任务。依据前期研究的结果，将每一项任务限定为 6 秒内开始组合图片。对英语本族语者指令语言为英语，对汉语本族语者指令语言为汉语。

6.2.4 实验程序

实验程序与实验 1 相同。实验地点为教室、办公室、会议室等安静不受打扰的场所。分为基本情况调查、抽题、练习及测试四个阶段。抽题阶段，受试从三套经随机排序的题中随意抽取一套。练习阶段，研究者明确告诉受试在实验中需要完成的任务。正式实验时，受试坐在计算机前，实验者播放实验程序，实验开始后到受试实验任务完成期间，研究者和受试都不再使用语言。研究者不对受试进行任何干扰。每次实验 1 位受试参与，研究者先征得受试同意，然后用手机中的照相机软件将受试组合图片的整个过程拍成视频文件。完成图片组合任务后，研究者发给受试一份简单的问卷。汉语本族语受试问卷语言为汉语，英语本族语受试问卷语言为英语。最后，研究者将现金报酬发放给受试。

6.3 研究设计：任务 2

在实施任务 2 前，笔者对实验项目数、启动项及目标刺激的材料等都分别进行了前测，但参与每一次分项前测的受试都不多，为最终综合确定各项实验因素，本研究进行了受试为 80 人的前期研究，其中 40 人为汉语单语受试，反应时的独立样本 t 检验结果显示，两种不同概念启动对汉语本族语组语言在线理解反应时产生显著影响($t=-7.03$，$df=674$，$p<0.05$)：背景到图形启动条件下英语初级学习者语言在线理解反应时显著快于图形到背景启动条件下的反应时(MD＝696.67)。另外，40 人为英语水平 2 组(通过英语专业四级的英语专业大三学生，以下统称英语水平 2 组，对英语水平 1 组的界定参见 6.3.1)的汉语本族语受试，反应时的独立样本 t 检验结果显示，两种不同概念启动对英语水平 2 汉语本族语受试的母语在线理解反应时，产生显著影响($t=-5.3$，$df=588$，$p<0.05$)：背景到图形启动条件下英语较高英语水平汉语本族语受试语言在线理解反应时显著快于图形到背景启动条件下的反应时(MD＝－355.25)。

通过前期研究，将实验程序确定后，本研究进行了以下正式实验。(本项前期研究的统计数据请参见附录 13)

6.3.1 受试

汉语 2 组(汉语英语水平 1 组)40 人，男女各 20 人，均为某高校理工科专业本科一年级学生，年龄 17—19 岁，平均年龄 18.9 岁，均为右利手，均未参加过大学英语四级考试，均无出国经历，学习英语时间平均 9.8 年，但英语水平较初级，因为目前国内发表文献中对于英语初级水平并无明确界定，因此实验中，笔者将该组学生界定为英语水平 1 组，进一步验证本实验 2 中汉语本族语组的实验结果。

英语本族语者 40 人，其中男性 29 人，女性 11 人，包括短期来中国教授英语的英、美籍教师、中国高校短期留学或来中国交流访问的留学生，母语均为英语。平均年龄 20.91 岁，均为右利手，均无汉语考级经历，平均学汉语时间1.3年，来中国时间最短半个月，最长6个月。所有实验对象均自愿参加研究，受试在完成实验后会获得一定现金报酬(见表6.2)。

表6.2　实验3任务2受试信息简表

	人数	性别		平均年龄	文化程度
		男	女		
英语本族语组	40	29	11	20.91	本科或本科以上
汉语本族语组	40	20	20	18.90	本科或本科以上

6.3.2　实验设计

本实验任务2采用双因素混合实验设计，自变量为语言(分为汉语及英语两个水平)，和图形—背景概念启动次序(分为先图形后背景及先背景后图形两个水平)；因变量为受试进行句子正确性判断的反应时与错误率。研究考察汉、英本族语者两组受试在不同启动条件下判断目标语句的反应时及正确率。

6.3.3　实验材料

实验材料采用E-Prime 2.0编程，包括图片和文本。整个实验包含3组学习材料和50组实验材料。50组实验项目中，40个目标项，10个填充项。每个实验项目包括一个启动刺激和两个目标刺激。受试首先需要判断目标项1页面上的句子语义是否合理，再判断目标项2页面上呈现的颜色描述信息的与启动项呈现的动画相关颜色信息一致。

目标项

目标项由一项启动刺激和两项目标刺激构成。启动刺激是20项动画。每项动画都由两张图片相继播放，一张为图形，一张为背景，每幅图像的大小为比例完全按原始场景图片制作，均使用Photoshop软件统一编辑。动画呈现的次序有两种：先背景后图形和先图形后背景，每种次序为10项，其中5项为正确项5项为错误项。

启动项共包含20个启动刺激，每个启动刺激所用材料的都是依据一个存在句内容从互联网中获取的图片。全部图片均为包含背景及图形的自然场景图片，由10名研究生(中文系和英语系学生各5名)运用汉语和英语对图片进行描述，与选取的句子相吻合。每个启动刺激包含两张图片，一张是背景，一张是图形，两张图原属同一张自然场景的图片，均运用Photoshop统一设置大小后再运用Photoshop将图形及背景分离开。

目标刺激1是20个存在句。内容与动画内容完全无关，要求受试判断呈现的句子是否合乎常理。中文的存在句一律是典型的先背景后图形语序；英文的存在句一律是典型的先图形后背景的语序(例如：山上有座庙/There is a temple on the mountain；山脚下有条河/there is a river at the foot of the mountain；桌子上有个球/there is a ball on the table；房子前面有辆自行车)，其中10项为正确项(例如：桌子上有个球)，10项为错误项(例如：地上放着一朵白云)。对于汉语本族语受试，目标语句为中文，对于英语本族语受试，目标语句为英文。中英文版目标语句内容完全相同。每个目标刺激在整个实验程序中出现两次。第一次出现在先图形后背景启动刺激后，第二次出现在先背景后图形启动刺激后。为了排除受试因为熟悉了目标刺激，致使判断速度快于正常速度或影响正确率的可能性，笔者采取了三项措施：第一，添加十个填充项目，随机分布于测试项目间。第二，笔者制作了随机排序的程序，将全套任务随机排列三次，形成内容相同、次序不同的三套试题。实验开始后，受试抽签确定做哪一套次序的测试。第三，对于目标刺激1设置A和B两套程序。半数受试完成A程序，半数受试完成B程序。对同一个目标页的判断，A程序中采用从背景到图形启动；B程序中采用从图形到背景启动。A与B两套程序间，只有目标刺激1存在差异，目标刺激2及填充项均一致。

目标刺激2是20个描述颜色的单句，其10项对动画呈现的颜色信息描述是正确的，10项描述是错误的[例如：山是白色的/The mountain is white(图片中山是绿色的)]。对于汉语本族语受试，目标语句为中文，对于英语本族语受试，目标语句为英文。中英文版目标语句内容完全相同。设置这一目标刺激的目的是确定受试认真看启动动画，因此描述的正误非常容易判断。这一页面只记录正确率，不记录反应时。

有关启动项 SOA (Stimulus Onset Asychrony) 的确定，依据前人相关研究(Boroditsky 2001; Chen 2007; Tse and Altarriba 2008)，将其设定为 3000ms。两项目标刺激呈现时间在前期测试中将其分别设定为 5000ms 及 6000ms，此限定使目标 2 项平均准确率均低于 90%，分别为平均 73%及 86%。因此在正式实验时，将其最终设定为“直到响应”(on until response)。

填充项

实验程序中包含 10 个填充项。填充项与练习及测试项构成情况相同，每个填充项目包含一个启动刺激和一个目标刺激。启动刺激的动画体现的不是背景与图形关系。10 个填充项具体内容各不相同，没有重复。填充项有目标语句 10 项，正确与错误目标语句各占一半。填充项与目标项一起参与整套题的随机排序，填充项结果不参与数据分析及结论。

6.3.4 实验任务

实验过程中，受试需要判断目标刺激 1 页面上的句子语义是否合理，然后判断目标刺激 2 页面上对启动项图片颜色的描述是否正确。对英语本族语者指令语言为英语，对汉语本族语者指令语言为汉语。

6.3.5 实验程序

采用 E-Prime 2.0 编程并收集数据，在笔记本电脑上呈现刺激。完整实验测试流程见图 6.1。实验分为抽题阶段，练习阶段及实验阶段三个阶段。在抽题阶段，受试从三套经随机排序的题中随意抽取一套。练习阶段，研究者明确告诉受试在实验中需要完成的任务：屏幕上依次出现两幅图像，受试仔细观察图像，然后在目标页面中央出现一个存在句，如“桌子上有一张地图”；“湖中有一条船”；“树下有一座大山”(对于汉语本族语受试目标页面上的句子为中文)/“There is a map on the table”；“there is a boat in the lake”；“there is an enormous mountain at the foot of the tree”(对于英语本族语受试目标页面上的句子为英文)，受试需要判断句子内容是否合理。如果合理按“F”键；不合理按“J”键。详细指令请参见附录 6。受试可以重复做练习项目，直至完全熟悉流程，实验随即进入实验阶段。正式实验程序与练习阶段完全相同，只是内容不同。实验阶段，受试坐在计算机前。程序运行后，首先在电脑屏幕中央呈现红色“十”号，持续 700ms，接着呈现启动刺激(3000ms)，启动动画消失后，呈现目标刺激 1(直至响应)，要求受试又快又准地判断目标页面上的句子内容是合理，即在目标刺激 1 页面上，合理按下“F”键；不合理按下“J”键。接下来呈现目标刺激 2(直到响应)，要求受试迅速判断目标页面中央对启动项描述的信息是否正确。为保证实验的正确率，受试完成一半项目(即实验阶段完成 15 项)后休息一次，再继续其余的项目(15 项)，休息时间的长度由受试自行确定。每名受试需要完成 50 次判断，其中，目标项正确的判断 10 次，目标项错误的判断 10 次，目标项 2 中正确的颜色描述信息 10 次，目标项 2 中错误的颜色描述信息 10 次，另外 10 次是对填充项的判断。计算机自动记录从目标项 1 文字呈现到受试做出反应的反应时及正确率；记录目标项 2 受试做出反应的正确率。整个实验过程平均需要 15 分钟。

具体来说，实验 3 的设计与实验 2 有四点不同。第一，增加了任务 1。通过实验 2 笔者发现，英语本族语受试的反应时数据与图片组合的数据显示出相同的趋势。具体的研究结果是，组图数据体现出两种认知加工次序数据间不存在显著差异；反应时数据显示，在两种不同认知次序启动下，受试对同一个句子的反应时不存在显著差异；仅依据以上两类数据，还不足以说明认知影响语言，只能说明对于英语本族语受试来说，认知方式与语言加工具有类似的倾向性特征。认知是否是影响语言在线加工的因素之一？这一问题的结论还需要依据进一步的实验数据得出。因此，笔者在实验 3 的设计中，在英语受试组增加了图片组合的任务。将任务 1 中呈现出的、英语本族语组呈现出的三种认知次序情况与任务 2 中的数据结合起来分析，以便得出更明晰的结论。第二，实验 2 中，没有应用传统研究认知方式及语言关系的图文一致性判断任务，因为笔者推测图文一致性任务可能会激活语言，最终测量的是语言对语言的影响。因为本实验中进一步控制了对语言的启动效应，反应时的差异直接显示了两种不同次序对语言在线加工启动量的差异。第三，因为规避了图文一致性判断可能带来的问题，采用动画内容与文字不一致的设计，这一设计带来的问题是受试可能不认真看动画，因此增加了对于动画中颜色信息判断的任务。第四，整套实验中每个动画中的图片都会播放两次，一次按先图形后背景次序播放，一次按先背景后图形的次序播放，为避免这一问题对反应时的影响，笔者对目标刺激 1 设置 A 和 B 两套程序，半数受试完成 A 程序，半数受试完成 B 程序。对同一个目标页的判断，A 程序中采用从背景到图形启动；B 程序中采用从图形到背景启动。

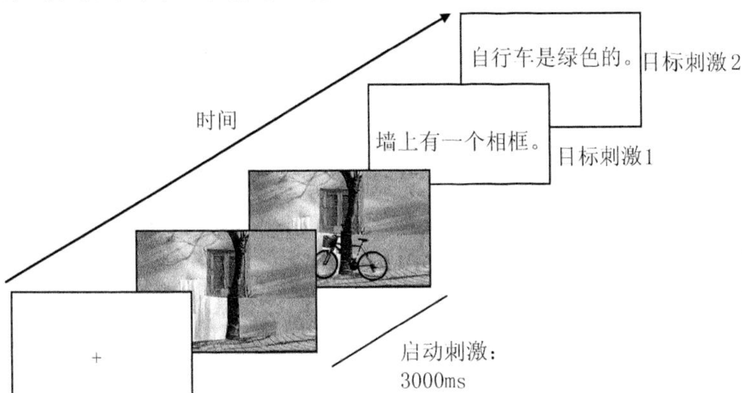

图 6.1　实验 3 任务 2 完整实验测试流程图

6.4 结果与分析

6.4.1 任务1实验结果

研究者通过观看受试组合图片的视频文件对频次进行人工统计。分析时删去18名受试的无效数据，有效受试共62名。删除数据的原因主要有四类。第一，受试完成全套任务完全按照先上后下或者先下后上次序。这类数据无法准确体现受试组合图片的认知加工次序，据此原因笔者删除4名受试的数据。第二，目标项选择重做。在任务页面上，有两个主要按钮，“重做”和“下一题”，选择重做目标项的受试，其加工次序有可能受到其他因素的影响，体现的不完全是受试习惯性的认知加工次序，据此原因研究者删除6名受试的数据。第三，次序不明了。个别受试由于连续快速点击两张图片，视频中显示出来的组合次序不明确。研究者据此原因删除2名受试的数据。第四，视频破损或者文件打不开。研究者据此原因删除6名受试的数据。全体受试最终有效组合图片的整体数据信息请参见表6.3。每套题目中各组受试按先背景后图形方式组合图形的频次总表请参见附录10。

表6.3 两组受试组合图片的数据信息

排列次序	英语本族语受试		汉语本族语受试	
	人数	百分比	人数	百分比
先背景后图形	16	51.62%	31	100%
先图形后背景	10	32.26%	0	0%
两者各占一半	5	16.12%	0	0%
总计	31	100%	31	100%

并非每位受试在组合全部10套目标图片时，均采用先背景后图形或先图形后背景1种方式。笔者将10个目标项中，按同一种次序组合图形频次为9次以上的受试确定为该种空间感知次序的受试；两种组

合图形频次为5次的受试划分为两种认知次序相均衡的受试。受试呈现出的空间感知倾向性参照以往研究中采用的方法(Bergen and Lau 2012，转引自杨文星 2015)，将受试采用的最主要组合图形的方式(各种图形组合频率中使用最高的一种)作为其最终的图形组合结果。表6.3中显示了两组受试呈现出的空间感知倾向的最终比例。

数据显示，汉语2组31位有效受试中，21位呈现出先背景后图形的空间感知次序(67.74%)(10个目标项中，至少9项按先背景后图形的次序进行组合)。另外10位受试在10个目标项中，5位均有8项按先背景后图形的次序组合图形，5位均有7项按先背景后图形的次序组合图形，参照以往研究中采用的方法，将此10位受试采用的最主要组合图形方式(各种图形组合频率中使用最高的一种)作为其最终的图形组合结果。因此，汉语本族语组呈现出先背景后图形空间感知倾向性的受试比例为100%(见表6.3)。

英语本语族组受试呈现出三种认知次序：先背景后图形、先图形后背景及两者相均衡。31位受试中，4位(12.90%)受试按先背景后图形次序组合图形(10个目标项中，至少9项按先背景后图形的次序进行组合)；4位(12.90%)受试按先图形后背景次序组合图形(10个目标项中，至少9项按先图形后背景的次序进行组合)；5位(16.12%)受试两种次序均相均衡(10个目标项中，5项按图形到背景次序组合)。其他18位受试中，有12位受试在10个目标项中，均有7项按先背景后图形的次序组合图形，参照以往研究中采用的计数方法，将此12位受试采用的最主要图形组合方式，即先背景后图形，作为其最终体现空间感知倾向性的结果；其他6位受试在10个目标项中，均有7项按先图形后背景的次序组合图形，将此6位受试采用的最主要图形组合方式，即先图形后背景，作为其最终的图形组合结果。因此，英语本族语组呈现出先背景后图形空间感知倾向性的受试共16位，比例为51.61%；呈现出先图形后背景空间感知倾向性的受试共10位，比例为32.25%；两种次序均相均衡的受试共5位，比例为16.12%。

6.4.2 任务 2 实验结果

在实验任务中，正确率是判断受试数据有效性的重要参考依据，在两个目标项页答题正确率低于 90%的受试的数据将被剔除。本实验中 1 位英语本族语受试及 1 位汉语本族语受试正确率低于 90%，数据被删除。删除正确率低于 90%的受试后，本研究有效受试共 78 人，其中英语本族语受试 39 人，汉语本族语受试 39 人。数据用 SPSS 18 进行分析，对反应时分析后，研究者对先图形后背景启动条件下离平均值±3 个标准差以外的反应时数据，及在先背景后图形启动条件下离平均值±3 个标准差以外的反应时数据进行了剔除。

汉语本族语者和英语本族语者在任务 2 中的反应时

双因互组间方差分析结果显示，启动方式对反应时的主效应显著[$F(1, 74)=4.03$，$p<0.05$]，语言类型对反应时的主效应不显著[$F(1, 74)=0.09$，$p>0.05$]，背景到图形启动条件下汉语受试语言在线理解反应时显著快于图形到背景启动条件下的反应时(见表 6.4)。此外，启动方式和语言类型对反应时产生边缘显著效应[$F(1, 74)=3.27$，$p=0.08>0.05$](见图 6.2)。两种不同概念启动对汉语本族语组语言在线理解反应时产生显著影响，背景到图形启动条件下汉语本族语组语言在线理解反应时显著快于图形到背景启动条件下的反应时(MD=650.83，$p<0.05$)；两种不同概念启动条件下，英语本族语组母语在线理解反应时不存在显著差异(MD=34.02，$p>0.05$)。

表 6.4 汉、英本族语组不同概念启动下的反应时

	汉语组(n=39)				英语组(n=39)			
反应时间	背景到图形(n=20)		图形到背景(n=19)		背景到图形(n=20)		图形到背景(n=19)	
	M	SD	M	SD	M	SD	M	SD
	1921.90	325.24	2572.73	697.13	2178.55	925.64	2212.57	909.68

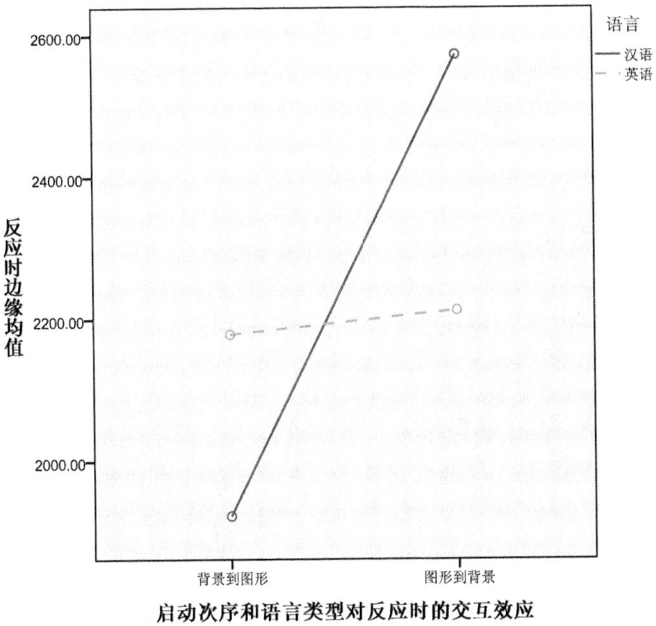

图 6.2　实验 4 任务 2 启动次序和语言类型对反应时的交互作用

在任务 1 中有不同表现的英语本族语者在任务 2 中的反应时

参与本项结论数据分析的受试数据首先需要满足两项条件：第一，在任务 1 中为有效数据；第二，在任务 2 中为有效数据，且是没有因处于平均值±3 个标准差以外而被删除的数据。满足该项条件的受试共 30 人。表 6.5 显示了参与本项数据分析的受试在任务 1 中的分布情况。

表 6.5 受试在任务 1 与任务 2 中的分布情况

任务 1 中组合图形次序	英语本族语受试		
	任务 1 中人数	任务 2 中参与 A 程序受试（先背景后图形启动次序）	任务 2 中参与 B 程序受试（先图形后背景启动次序）
先背景后图形	16	7	9
先图形后背景	9	5	4
两者各占一半	5	3	2
总计	30	15	15

同时，为了验证实验假设，笔者进行了组间的比较。因为笔者对目标刺激 1 设置了 A 和 B 两套程序，半数受试完成 A 程序，半数受试完成 B 程序。对同一个目标页的判断，A 程序中采用从背景到图形启动；B 程序中采用从图形到背景启动。因此是两组不同的受试，接受两种不同的启动，采用独立样本 t 检验分析数据。因为每组能够参与数据分析的受试有限(例如在任务 1 中体现两种次序均衡的英语受试，在任务 2 中参与背景到图形启动条件任务的受试仅为 3 名，参与图形到背景启动条件任务的受试仅为 4 名)，因此笔者在进行数据分析时，未进行受试间的比较，而是将每位受试的全部数据集合起来进行比较，旨在呈现整体趋势，这样，相比较的两组数据一组是背景到图形启动条件下的反应时数据，另一组是图形到背景启动条件下的反应时数据。

独立样本 t 检验结果见表 6.6，结果显示，不同启动次序条件下，认知方式均衡组对句子判断的反应时之间差异不显著($t=-0.38$，$df=98$，$p>0.05$)。

表 6.6　在任务 1 中体现两种次序均衡的英语受试在任务 2 中的反应时(ms)

	背景到图形(GF)		图形到背景(FG)		MD	t(98)
	M	SD	M	SD		
反应时间	2009.83	545.51	2054.55	620.97	−44.72	−0.38

独立样本 t 检验结果见表 6.7。结果显示，不同启动次序条件下，呈现出先背景后图形认知次序的受试对句子判断的反应时之间差异显著($t=2.1$，$df=318$，$p<0.05$)。背景到图形次序启动条件下受试对目标句判断的反应时，明显慢于图形到背景启动条件下受试对目标句的判断(MD=243.25)。

表 6.7　在任务 1 中按先背景后图形次序组图的英语受试在任务 2 中的反应时(ms)

	背景到图形(GF)		图形到背景(FG)		MD	t(318)
	M	SD	M	SD		
反应时间	3238.61	1065.50	2995.36	1011.69	243.25	2.1

注：$p<0.05$。

独立样本 t 检验结果(见表 6.8)显示，不同启动次序条件下，呈现出先图形后背景认知次序的受试对句子判断的反应时之间差异显著($t=4.41$，$df=153.40$，$p<0.05$)。背景到图形次序启动条件下受试对目标句判断的反应时，明显长于图形到背景启动条件下受试对目标句的判断。

表 6.8　在任务 1 中按照先图形后背景次序组图的英语受试在任务 2 中的反应时(ms)

	背景到图形(GF)		图形到背景(FG)		MD	t(153.40)
	M	SD	M	SD		
反应时间	1686.02	707.66	1326.98	360.4	359.05	4.41

注：$p<0.05$。

笔者进一步比较了任务 2 先图形后背景启动次序条件下，先图形后背景及先背景后图形两种认知方式的受试对相同目标句判断的反应时。这样启动条件相同，判断的目标句相同，不同在于空间感知方式因素，数据间的可比性更强。

独立样本 t 检验结果(见表 6.9)显示，先图形后背景启动次序条件下，呈现出先图形后背景认知次序的受试对句子判断的反应时，与先背景后图形认知次序的受试对同一个句子判断的反应时之间差异显著($t=19.51$，$df=249.69$，$p<0.05$)。背景到图形认知次序的受试对目标句判断的反应时，明显长于图形到背景认知次序的受试对相同目标句的判断。

表 6.9　在任务 2 先图形后背景启动次序条件下，先图形后背景及先背景后图形两种认知方式的受试对相同目标句判断的反应时(ms)

	背景到图形认知次序		图形到背景认知次序		MD	t(249.69)
	M	SD	M	SD		
反应时间	2995.36	1011.69	1326.98	360.4	1668.39	19.51

注：$p<0.05$。

6.5　讨论

实验 3 任务 1 的结果巩固了实验 1 的结果：英语本族语者显示出三种不同的认知倾向，先背景后图形、先图形后背景及二者均衡。实验 3 任务 2 的结果进一步验证了本研究的基本假设：空间感知方式影响语言的在线加工。在本实验中主要体现为汉语母语受试对同一个句子的判断时间，在先背景后图形启动条件下明显快于先图形后背景启动条件下的判断时间。对于英语本族语者而言，按先图形后背景次序组合图片的受试，对同一个句子的判断时间，在先图形后背景启动条件下明显快于按先背景后图形次序组合图片的受试的判断时间；两种不同启动次序条件下，呈现出先背景后图形认知次序的受试对句子判断的反应时之间差异显著($t=2.1$，$df=318$，$p<0.05$)。背景到图形次序启动条件下受试对目标句判断的反应时，明显慢于图形到背景启动条件下受试对目标句的判断(MD=243.25)；不同启动次序条件下，呈现出先图形后背景认知次序的受试对句子判断的反应时之间差异显著($t=19.51$，$df=249.69$，$p<0.05$)。背景到图形次序启动条件下受试对目标句判断的反应时，明显长于图形到背景启动条件下受试对目标句的判断。

实验3通过对实验2设计细节上的一些调整改变，其实验结果进一步支持了本研究的研究假设：汉、英本族语者空间感知方式影响母语在线加工。

6.6 小结

实验3对实验2研究设计的一些细节进行了合理的改进，再次探究空间感知方式对母语在线加工的影响。实验中先图形后背景为主要认知次序的受试，在先图形后背景次序启动图片的条件下，对同一个句子的判断明显快于按先背景后图形次序启动图片条件下的判断。因此，实验3的结果进一步验证了本实验的研究假设。

第七章　实验4：空间感知方式对二语在线加工的影响

实验4回答本研究的第三个研究问题：空间感知方式是否对母语为汉语的英语学习者第二语言在线加工产生影响？实验4以母语为汉语的英语水平2组(通过英语专业四级的英语专业本科三年级学生，以下通称英语水平2组)受试为研究对象，通过两项实验任务，验证受试的空间感知方式是否影响第二语言在线理解。本章由实验目的及假设、任务1和任务2的研究设计、结果与分析及讨论五部分构成。

7.1　实验目的及假设

实验4的目的是，探究汉、英双语者空间感知方式的倾向性特征是否影响他们对二语的在线加工。依据实验1、2、3的实验结果，以及对空间概念与第二语言关系的研究结论，笔者针对实验任务1的假设是，随着第二语言的学习，英语水平2组的受试背景—图形概念依然与母语的背景—图形概念特征一样，并没有发生变化；笔者对实验任务2的假设是，在不同次序启动条件下，英语水平2组受试的反应时存在显著差异，先背景后图形启动条件下受试对目标语句的加工时间明显慢于先图形后背景启动条件下对目标语句的加工时间。

7.2　研究设计：任务1

7.2.1　受试

英语水平2组受试(见表7.1)30人，其中男生10人，女生20人，均为某高校外国语言学及应用语言学专业三年级本科生，均为右利手，均已通过英语专业四级，年龄20—22岁，平均年龄21.4岁，学英语时间11—16年，平均学英语时间14年。所有实验对象均自愿参加研究，受试在完成实验后会获得一定现金报酬。

表7.1　实验4任务1受试信息简表

	人数	性别		平均年龄	文化程度
		男	女		
汉语水平2组	30	10	20	21.4	本科或本科以上

7.2.2　实验材料

实验材料与实验1相同。

7.2.3　实验任务

实验任务与实验1相同。实验过程中，受试需要完成的任务是通过点击每个页面左侧的两幅图，在页面的右下方，组成一幅与页面右上方的示例一样的场景图片，并要求受试尽可能快速地完成任务。依据前期研究的结果，将每一项任务限定为6秒内开始组合图片。

7.2.4　实验程序

实验程序与实验1相同。分为基本情况调查、抽题、练习及测试四个阶段。抽题阶段，受试从三套经随机排序的题中随意抽取一套。练习阶段，研究者明确告诉受试在实验中需要完成的任务。正式实验时，受试坐在计算机前，实验者播放实验程序，实验开始后到受试实验任务完成期间，研究者和受试都不再使用语言。研究者不对受试进行任何干扰。每次实验一位受试参与，研究者先征得受试同意，然后用手机中的照相机软件将受试组合图片的整个过程拍成视频文件。完成图片组合任务后，研究者发给受试一份简单的问卷。最后，研究者将现金报酬发放给受试。

7.3 研究设计：任务 2

7.3.1 受试

研究受试与任务 1 受试相同，两项任务相距时间为两个月。

7.3.2 实验设计

实验任务 2 为单因素组内实验设计，自变量为图形—背景概念启动次序，分为两个水平：先图形后背景及先背景后图形；因变量为受试进行句子正确性判断的反应时与错误率。研究采用组内实验设计，重点考察英语水平 2 组(中高级英语水平组，对英语水平 1 组及英语水平 2 组的详细界定参见 6.3.1 及 6.3)的汉语受试在不同启动条件下判断英语目标语句的反应时及正确率。实验任务 2 与实验 3 的任务 2 相同，不同之处是，汉语本族语受试参与反应时任务的英文版。实验过程中，受试需要判断目标刺激 1 页面上的句子语义是否合理，然后判断目标刺激 2 页面上对启动项图片颜色的描述是否正确。指令语言为英语。实验程序与实验 3 的任务 2 相同。

7.4 结果与分析

7.4.1 任务 1 研究结果

笔者将 10 个目标项中，按同一种次序组合图形频次为 9 次以上的受试划分为该种空间感知次序的受试；两种组合图形频次为 5 次的受试划分为两种认知次序相均衡的受试。受试按各种方式组合图形的最终比例请参见表 7.2。

数据显示，汉语 3 组 30 位有效受试呈现出三种认知次序：先背景后图形、先图形后背景及两者相均衡：30 位受试中，17 位(54.83%)受试按先背景后图形次序组合图形(10 个目标项中，至少 9 项按先背景后图形的次序进行组合)；1 位(0.32%)受试按先图形后背景次序组合图形(10 个目标项中，至少 9 项按先图形后背景的次序进行组合)；

1 位(0.32%)受试两种次序均相均衡(10 个目标项中，5 项按图形到背景次序组合)。其他 11 位受试中，有 6 位受试在 10 个目标项中，均有 8 项按先背景后图形的次序组合图形，3 位受试在 10 个目标项中，均有 7 项按先背景后图形的次序组合图形，参照以往研究中采用的计数方法，将此 9 位受试采用的最主要图形组合方式，即先背景后图形，作为其最终的图形组合结果；其他 2 位受试在 10 个目标项中，1 位有 8 项按先图形后背景的次序组合图形，1 位有 7 项按先图形后背景的次序组合图形，将此位受试采用的最主要图形组合方式，即先图形后背景，作为其最终的图形组合结果。因此，汉语 3 组呈现出先背景后图形空间感知倾向性的受试共 26 位，比例为 95.65%；呈现出先图形后背景空间感知倾向性的受试共 3 位，比例为 3.26%；两种次序均相均衡的受试共 1 位，比例为 0.11%(见表 7.2)。每套题目中各组受试按先背景后图形方式组合图形的频次总表请参见附录 10。

表 7.2　汉语 3 组受试组合图片的方式及比例

排列次序	英语水平 2 汉语本族语受试	
	人数	百分比
先背景后图形	26	95.65%
先图形后背景	3	3.26%
两者各占一半	1	0.11%
总计	30	100%

7.4.2　任务 2 研究结果

在实验任务中，正确率是判断受试数据有效性的重要参考依据，在两个目标项页答题正确率低于 90%的受试的数据将被剔除。本实验中 2 位受试正确率低于 90%，数据被删除。删除正确率低于 90%的受试后，本研究有效受试共 28 人。数据用 SPSS 18 进行分析，对反应时分析后，研究者对先图形后背景启动条件下离平均值±3 个标准差以外的反应时数据，及在先背景后图形启动条件下离平均值±3个标准差以外的反应时数据也进行了剔除。

英语水平 2 的汉语本族语受试在任务 2 中的反应时

汉语本族语组有效数据 28 项(背景到图形启动次序 14 项，图形到背景启动次序 14 项)。因为两组数据均不足 30 人，因此首先进行了正态分布检验。背景到图形启动条件下的反应时数据显示，K－S 检验中，Z 值为 0.62，P 值 (sig 2－tailed)＝ 0.836＞0.05，因此数据呈近似正态分布；图形到背景启动条件下的反应时数据显示，K－S 检验中，Z 值为 0.97，P 值 (sig 2－tailed)＝0.30＞0.05，因此数据也呈近似正态分布。

反应时的独立样本 t 检验结果显示(结果见表 7.3)，两种不同概念启动对英语水平 2 汉语本族语受试的语言在线理解反应时，产生显著影响($t=-3.7$，$df=21.18$，$p<0.05$)：图形到背景启动条件下英语水平 2 汉语本族语受试语言在线理解反应时显著快于背景到图形启动条件下的反应时(MD＝561.16)。

表 7.3　英语水平 2 的汉语本族语组不同概念启动下反应时差异

	背景到图形(GF)($n=14$)		图形到背景(FG)($n=14$)		MD	t(21.18)
	M	SD	M	SD		
反应时间	3024.07	506.68	2462.90	851.25	561.16	－3.7

注：$p<0.05$。

数据显示，不同的空间感知次序，影响语言的加工。英语水平 2 的汉语本族语受试体现出明显的先背景后图形认知次序，先图形后背景启动条件下，英语水平 2 的汉语本族语受试的反应时更快。笔者推测这是由于汉语本族语者体现出先背景后图形的认知倾向性，当启动项为先背景后图形的次序，刺激并启动了这一次序，由于句子为英文语句，语序特征为先图形后背景，与启动刺激的次序相反，因此使判断时间加长。同时笔者推测，尽管英语水平 2 的汉语本族语受试依然体现出明确的先背景后图形认知次序，他们的先图形后背景认知次序也在进展，因此，当接受先图形后背景启动刺激后，这一非显性的认知次序得以激活，当判断目标语句时，这一激活的认知次序又与语句的刺激相吻合，促使他们判断的速度加快。为了进一步验证这一潜在的认知次序有可能存在于先背景后图形这一感知次序的群体当中，笔者进行了进一步的组内比较。

任务 1 中体现出先背景后图形认知次序的汉语本族语受试在任务 2 中的反应时

参与本项结论数据分析的受试数据首先需要满足两项条件：第一，在任务 1 中为有效数据；第二，在任务 2 中为有效数据，且没有因离平均值±3 个标准差以外而被删除的数据。满足该项条件的受试共 19 人。表 7.4 显示了参与本项数据分析的受试在任务 1 中的分布情况。

表 7.4　受试在实验 1 与实验 2 中的分布情况

任务 1 中组合图形次序	英语水平 2 汉语本族语受试		
	任务 1 中人数	任务 2 中参与 A 程序受试（先背景后图形启动次序）	任务 2 中参与 B 程序受试（先图形后背景启动次序）
先背景后图形	15	6	9
先图形后背景	3	0	3
两者各占一半	1	1	0
总计	19	7	12

由于仅有 1 位受试两种认知次序相均衡，此受试仅参加了先背景后图形启动次序条件，由于数据太少及实验条件不足，因此二者相均衡组不做比较。而对于按先图形后背景次序组合图形的受试，3 位均参加的是先图形后背景启动次序的测试，由于实验条件不足，也无法比较。因此笔者只比较按先背景后图形次序组合图形的受试，考察他们在实验 2 中的表现。因为每组能够参与数据分析的受试有限（任务 1

中按先背景后图形次序组图的英语水平 2 受试，参与背景到图形启动条件任务的受试仅为 6 名)，因此笔者在进行数据分析时，未进行受试间的比较，而是将每位受试的全部数据集合起来进行比较，旨在呈现整体趋势。

独立样本 t 检验结果见表 7.5。结果显示，不同启动次序条件下，呈现出先背景后图形认知次序的受试对句子判断的反应时之间差异显著($t=2.44$，$df=295.5$，$p<0.05$)。背景到图形次序启动条件下受试对目标句判断的反应时，明显慢于图形到背景启动条件下受试对目标句的判断(MD=325.57)。

表 7.5　任务 1 中按先背景后图形次序组图的英语水平 2 受试在任务 2 中的反应时(ms)

	背景到图形(GF) (n=120)		图形到背景(FG) (n=180)		MD	t(295.5)
	M	SD	M	SD		
反应时间	3435.5	972.59	3109.94	1331.92	325.57	2.44

注：$p<0.05$。

7.5　讨论

任务 1 的结果和实验 1 及实验 3 任务 1 中该项任务结果基本一致。母语为汉语的英语水平 2 的受试在图片组合任务中呈现出明显的先背景后图形的认知倾向性。同时，本实验任务 1 的数据显示，英语作为第二语言的习得，以及习得水平均对空间感知方式产生了影响。任务 2 的结果显示：母语为汉语的英语水平 2 的受试在先背景后图形启动条件下判断第二语言目标语句的反应时明显慢于先图形后背景启动条件。这表明具备了相对较高英语水平(水平 2)的汉语本族语者而言，其母语空间感知方式(先背景后图形的倾向性)对其第二语言(英语)的语句在线加工仍起作用，该结果显示认知方式影响第二语言的在线加工。

结合任务1及任务2的结果显示：在英语水平2汉语本族语者内部，采用先背景后图形方式组合图形的受试，在两种启动条件下反应时差异显著。该结果进一步证实认知方式影响第二语言的在线加工。本研究实验4结果表明，在英语水平2的汉语本族语者内部存在三种认知倾向，先背景后图形、先图形后背景及二者倾向性不明显；具备了较高英语水平(水平2)的汉语本族语受试在空间感知方式上显示出概念合并的倾向，其概念系统同时显示出一语及二语的空间感知方式的整体概念特征。同时，这一合并后的整体认知特征影响第二语言的在线加工。

7.6 小结

实验4回答了本研究的最后一个研究问题，即空间感知方式是否影响第二语言的加工。英语水平2组受试在两项实验任务中的表现说明，空间感知方式影响第二语言的在线加工。同时研究发现，汉语母语受试在习得二语过程中，发生了概念重组，高水平汉语学习者空间感知方式显示出不同于一语及二语独立概念特征。

第八章　总体讨论

本研究在认知心理学及认知语言学框架下，采用心理学行为实验研究的方法考察汉、英本族语者空间感知方式对语言在线加工的影响，并提出及验证了“空间感知方式影响语言加工”假说。该假说认为：(1)汉、英本族语者空间感知方式存在不同的倾向性特征；(2)汉、英本族语者空间感知方式的倾向性特征影响母语的在线加工；(3)汉、英双语者空间感知方式的倾向性特征影响二语的在线加工。研究共采用四项实验验证了该假说。实验1验证了假说的第一项内容；实验2及实验3验证了假说的第二项内容；实验4验证了假说的第三项内容。总体看来，研究的上述目的已实现。本章基于四项研究的结果，针对三个主要研究问题进行整体讨论。

8.1　汉、英母语者空间感知方式

本研究实验1采用非语言行为实验任务，具体考察的是汉语本族语者和英语本族语者背景—图形认知加工次序，实验任务是请受试将两幅图，其中一幅为背景，一幅为图形，组合为一张图片。研究结果表明汉语母语者呈现出明显的先背景后图形的认知倾向性。英语母语者中主要存在三种情况：先背景后图形、先图形后背景及二者相均衡。研究结果与Chua et al. (2005)的眼动研究结果较为接近。与以往实验不同的发现是，认知倾向性的差异不仅存在于汉、英本族语者之间，并且存在于英语本族语者内部。实验数据统计过程中，排除了在组图过程中出现对目标项犹豫并重组的数据及完成实验整体时间超过3分钟的数据，力图保证数据体现受试习惯性的认知习惯。

简单地说，与以往研究相比，本研究实验1的新发现是，汉、英本族语者背景—图形空间感知次序的倾向性存在差异。汉语单语组呈现出先背景后图形的认知次序，英语本族语者内部存在三种不同的背景—图形认知次序：先背景后图形、先图形后背景及二者均衡。

对汉、英本族语者认知倾向性差异原因的解释，Chua et al. (2005)认为人类的经验及社会化导致了东、西方文化的差异，随之文化的不同导致了东、西方受试在眼动、场景记忆、场景感知等方面的差异。Evans et al. (2009)从文化及生理角度解释了实验结果，依据 Evans et al. (2009)的实验数据，东、西方受试对背景及图形的注视时长及次数并无显著差异，Evans et al. (2009)认为文化因素并不影响场景记忆和场景感知。对数据中呈现出来的东方受试先注视背景、西方受试先注视图形的倾向性，Evans et al. (2009)的解释是东方受试眼界较窄，因此第一眼不足以跨越背景看到图形。笔者不认同 Evans et al. (2009)的观点，笔者认为受试第一眼先关注背景还是图形的倾向性可以在一定程度上体现受试的认知习惯，不能完全将其归结为眼界因素；同时，把受试第一眼看到的因素确定为加工次序在先，否则为加工次序在后，这一单一证据也同样不足以令人信服。

本研究发现，100%的汉语单语组受试呈现出先背景后图形的倾向性，这可能与中国的文化传统、价值观有关。中国人的人生观主要受道家、儒家以及佛教三种思想的影响。三种哲学均强调“整体”、“和谐”及万物的相互影响。道家强调对立、矛盾、转化和循环，这些思想离开“整体”的概念都无从谈起。《道德经》中有“祸兮福之所倚，福兮祸之所伏。孰知其极？其无正也。正复为奇，善复为妖”(《道德经》，第58章)；也有“轻为重根，静为躁君”(《道德经》，第26章)。儒家思想也重视“整体”的观念，维护中庸之道，强调“过犹不及”。佛教同样重视和谐和因果。三种思想相通的地方是均强调“整体”及“普遍联系”。同时，“古代中国的价值表上，‘国’比‘家’重要，‘家’比‘人’重要，这种看法很顽固，也很深入人心……都是把大家放在小家上面，把集体放在个人上面(葛兆光 2004：40)”。

同时，文化传统与价值观并不是空间感知倾向的唯一影响因素。因为西方受试群体内部呈现出三种倾向：先背景后图形、先图形后背景及二者相均衡。按先背景后图形次序组合图形得分为 50.32。希腊哲学则强调物质世界的本质和属性。希腊人把物质看作相互孤立的微粒。约瑟夫(Needham 1954)说，东方人的宇宙是一个连续不断的媒质或母体，在其中万事万物相互作用，不是通过原子的碰撞互动，而是通过辐射相互影响；潘文国(1997)指出，从总体上讲，西方人长于条分缕析，而中国人长于总体把握；西方人强调个体，而中国人强调群体；西方人把宇宙看作一个原子，各自独立又彼此联系，而中国人把宇宙看作一个整体。如果文化因素及价值观念是唯一影响因素，英语本族语的感知倾向应为以先图形后背景次序为主，否则就无法解释英语本族语受试群体内部的不同，对于这一问题的解释，笔者会在后续的研究中继续考察和探究。

8.2 空间感知方式的倾向性特征对母语加工的影响

人类背景—图形空间感知次序的倾向性特征是否影响语言加工？目前针对该问题主要存在两大立场：1)认知模式和认知方式是形成语言共性和差异的认知动因之一；2)英汉语语序与各自的整体语序特征具有相关性，未必是英汉两个民族的认知方式差异的产物(详细综述请参见 3.1.2)。

本研究实验 2 及实验 3 任务二考察了汉、英本族语者背景—图形认知次序对语言在线加工次序的影响。两项实验采用的均是启动范式，实验 2 沿袭了传统图文一致性判断的任务设计；实验 2 启动任务的基本流程是，计算机屏幕上呈现非语言启动刺激(一组含图形及背景的自然场景图，有的按先背景后图形的次序呈现，有的按先图形后背景的次序呈现)，接着屏幕上呈现语言目标刺激，受试需要做图文一致性判断，具体任务是判断一个表征背景、图形关系的存在句(例如："山上有座庙")对前面呈现的自然场景图内容的描述是否正确。

实验任务2的数据结果表明，背景图形认知次序对于语言加工次序的影响，在汉语母语组表现得非常明确，汉语本族语受试对先背景后图形句子的反应时明显快于先图形后背景语言表达次序的反应时；在英语本族语者组，先背景后图形的认知数据及先图形后背景的认知数据反应时差异不明显。虽然英语本族语者图片组合次序与排图数据结果趋势一致，但英语本族语者数据未能明晰地展示思维方式对语言加工的在线影响。反应时数据是否是受到认知次序规律影响还是其他因素造成的？这是本研究旨在考察的核心问题。为进一步明确影响因素，笔者对实验进行了改进。

为排除启动认知次序的同时，受试对图片内容的记忆过程显性地启动语言，以致影响实验结果的有效性这一可能性，笔者又进行了实验3。实验3中，笔者加入了一项图片组合任务，同时调整了启动任务，没有使用图文一致性的判断，改为语句语义合理性判断，目标项中的语句内容与启动项图片中的背景与图形的信息无关。启动任务的基本流程是，计算机屏幕上呈现非语言的启动刺激(一组含图形及背景的自然场景图，有的按先背景后图形的次序呈现，有的按先图形后背景的次序呈现)，接着屏幕上出现一个语言目标刺激，受试需判断一个表征背景、图形关系的存在句(例如："山上有座庙"；"地面上有片云")语义是否合理，该句内容与非语言启动刺激中的自然场景图内容无关。最后屏幕上出现一个干扰刺激，受试需要判断对前面出现的自然场景图中的颜色信息描述是否正确(例如："云是白色的")。实验3的实验结果支持了本研究的第二项研究假设：对于汉、英本族语受试而言，空间感知方式均影响语言的在线加工。

本研究实验2沿袭了传统图文一致性的任务设计，实验3进一步排除了潜在干扰变量如记忆和对语言的启动，同时增加了一项图片组合的实验任务。实验2及实验3的结果均表明，汉语本族语者空间感知方式影响语言在线加工。实验 3 的结果表明，汉、英本族语者背景—图形认知次序影响语言在线加工次序。

按照已有研究的观点，语序是概念化过程差异的体现（Talmy 2000；刘宁生 1995；赵世开 1999，2001；张克定 2007，2009）；认知模式和认知方式是形成语言共性和差异的认知动因(高文成 2008：3)；但是宫同喜(2014)基于语料库所做的质性及量化分析的研究并未支持这一结论。宫同喜(2014)发现英、汉语语序在一定程度上遵循背景先于图形的规律；基于对语料的分析，最终结论是英汉语语序"与各自的整体语序特征具有相关性，未必是英汉两个民族的认知方式差异的产物"宫同喜(2014：73)。

本研究实验 2 及实验 3 的结果均表明，汉语本族语者空间感知方式影响语言在线加工，这与"语序是概念化过程差异的体现"（Talmy 2000；刘宁生 1995：360；赵世开 1999a：44；赵世开 2001：35；张克定 2007，2009）这一传统的结论是一致的。值得注意的是，尽管对于英语本族语受试，本研究与"语序是概念化过程差异的体现"这一传统结论一致，但对受试群体内部分析的具体情况存在不同。在已有基于语料分析的研究中，研究人员发现英语的主要语序是图形先于背景(Talmy 1983；Langacker 1993)，由于在认知加工方式的研究领域，对于英语本族语者也存在先图形后背景倾向性的结论，因此而推测认知影响语言；而本研究发现英语本族语受试群体内部存在三种不同认知方式：先背景后图形、先图形后背景及二者均衡，同时实验 3 的结果显示，三种不同的认知方式对语言在线加工均产生了影响。因此本研究对于汉语本族语者受试的研究支持了传统的结论，对于英语本族语者的情况，与以往的结论有所不同。如何解释这些在结论方面的差异？

首先复杂的研究结果体现了认知—语言关系的复杂性。每一种研究及结论都反映了二者关系的某一个侧面。其原因可能与研究方法、研究对象的界定及研究材料的选取标准有关。以往研究是基于语料所做的质性及量化的分析，本研究采用的是心理学行为实验研究；就研究对象的定义而言，本研究将认知方式的研究限定在认知次序角度，而以往研究对认知方式具体指场独立、场依存的认知方式还是场景知觉，或认知方式的其他维度，并未做具体的界定。由于已有研究在研究方法、研究对象的界定及对研究材料的选取标准等方面均存在很大差异，因此观察的语言与认知关系的维度不同，结论也会随之不同。本研究发现，汉、英本族语受试的认知倾向性特征影响语言的在线加工。本研究为 Lakoff & Johnson(1980)"说话的行为与时间相关(correlated)，时间又是依据空间进行概念化(conceptualize)的，因此空间概念(spatial concepts)会被直接物化(apply)于句子形式中"这一观点，以实时数据提供了佐证。

8.3 空间感知方式的倾向性特征对二语加工的影响

既有研究中，在线考察语言与思维关系的研究主要集中于验证两项理论：概念迁移理论(Jarvis 1998，2000，2012；Jarvis and Pavlenko 2008；Pavlenko 1999；Pavlenko and Jarvis 2002)与为言而思假说(Slobin 1996)。与概念迁移研究和为言而思假说相关的实证研究，重点关注的是语言对思维的在线影响。通过文献回顾发现，以心理学实验方法对空间感知方式对第二语言在线加工的影响的研究目前还很少。本研究实验 4 考察了空间感知方式的倾向性特征对二语在线加工的影响。实验研究设计中实验材料、实验流程均与实验 3 相同，与实验 3 不同的是在实验 4 任务 2 中给受试呈现的目标语句由汉语变成英语。任务 1 (针对认知加工次序研究的任务) 以高水平英语学习者为研究对象，研究结果与前三项实验中的同项任务的结果相近。母语为汉语的较高英语(水平 2)受试在图片组合任务中依然表现出明显先背景后图形的认知加工次序。任务 2 以中高级英语水平(水平 2)的英语学习者为研究对象，发现对具备中高级英语水平(水平 2)的汉语本族语者而言，其母语空间感知方式(先背景后图形的倾向性)对其第二语言(英语)的语句在线加工仍起作用，在两种不同启动条件下反应时的差异间差异显著。

实验结果显示汉语母语受试在习得二语过程中，发生了概念重组。结合任务1及任务2的结果笔者发现具备了中高级英语水平(水平2)的汉语本族语受试在空间感知方式上显示出概念合并的倾向，其概念系统同时显示出一语及二语的空间感知方式的整体概念特征。同时，这一合并后的整体认知特征影响第二语言的在线加工。

研究发现，汉语双语组空间感知方式影响第二语言的在线加工；同时英语为中级水平的(水平1)英语学习者，与具备了较高英语水平(水平2)的汉语本族语者相比，通达中文的概念时，存在概念通道的不等距性。在习得二语过程中，笔者发现两组受试均发生了概念重组的现象，但程度不同。高水平英语学习者空间感知方式显示出不同于一语及二语合并性概念特征。

以往研究中，杨文星(2015)以四项实验考查了汉、英本族语者的时间思维方式对语言加工的影响，发现习惯性思维方式对于第二语言的加工也有着重要的影响。汉语受试(高水平英语学习者)和英语受试(高水平汉语学习者)对于时间的习惯性思维方式(即认知时间的水平或垂直空间倾向性)使其在相应的启动条件下加工第二语言的反应速度快于另一种启动条件。本研究实验4的结果表明，空间感知方式影响第二语言的在线加工，这与杨文星(2015)的在时间思维方式领域的研究发现是一致的，笔者的研究在背景—图形概念领域进一步为该结论提供了佐证。但出乎意料的是，杨文星(2015)在研究中，发现二语习得未改变高级英语学习者的时间思维方式，并据此推测“时间、空间这类基础而抽象的思维方式或概念范畴是比较难改变的”；但本研究发现，在习得二语过程中，两组受试均发生了程度不同的概念重组现象，具体体现为初级水平的(水平1)英语学习者，与具备了中高级英语水平(水平2)的汉语本族语者相比，在两种不同启动条件下反应时的差异间差异显著，笔者将在8.5通过对四项实验数据的综合比较，讨论这一研究结果。

8.4 认知方式是否是语序差异背后的动因

本研究实验1及实验3、4的第一项任务均考察了汉、英本族语者空间感知方式，具体考察的是汉、英本族语者“背景”、“图形”空间感知次序。汉语单语组呈现出先背景后图形认知次序倾向性的受试比例为100%。本研究实验3任务2及实验4任务3的数据显示，汉语母语受试对同一个句子的判断时间，在先背景后图形启动条件下明显快于先图形后背景启动条件下的判断时间。

刘宁生考察以曹禺剧作《北京人》三幕四景之前关于舞台布景的说明文字为语料样本，发现汉语存现句中“用‘有/无’作为主要动词表示某处有/无事物的句子比例为100%；用‘在’作为主要动词表示某物在某处的无一例”。就整体汉语语序而言，语言学领域的研究发现汉语语序具有明显的背景先于图形的特征(刘宁生 1995：360；沈家煊 1996；赵世开 1999a：44；张克定 2007；文秋芳 2014；宫同喜 2014)。在空间语言的语序研究中，文秋芳(2013)就汉、英母语者对识解背景—图形的不同方式进行了解释，认为汉语本族语在感知空间关系时有很强的由背景到目标的倾向，汉语本族语者在表述物体方位以描述通信地址时，遵照从背景到图形的语序。

对于汉语单语组呈现出先背景后图形认知次序倾向性的受试比例为100%这一数据，这可能与汉文字笔顺训练有关。汉字中的全包围结构主要体现了外柜与内部结构的关系，呈现出外部的背景与内部可替换的图形间的关系。全包围的书写规则(傅永和 1992；孙继善 1995)是：全包围结构，先外后里再封口。例如国、困、团、固等。对于全包围结构的笔顺练习始于小学一年级。汉字中体现图形关系的笔顺形成之初具随意性，逐渐约定俗成。认知心理学认为，“大脑和通过身体与外部世界的互动对于高级认知过程的理解起着关键的作用……对于心智的理解必须放到与身体的关系背景中，而这个身体是与外部世界互动的身体”(Inui 2008：123)。安德森(Anderson 2003：105)认为心智之所以从根本上是具身的，是因为“我们的知觉和运动系统在概念形成和理性推理中扮演了一种基础性的角色”。研究人员发现“处于特殊通道系统中的这些心理状态的复演(reenactment)实际上构成了概念加工的基础”(Barsalou, Simmons & Barbey 2003: 84)。依据具身理论，始于小学一年级的、对汉文字全包围结构的重复训练，很可能是影响汉语母语者背景—图形概念加工的因素之一。

以上研究数据及语料数据能否说明认知方式的差异是汉语语序差异背后的动因？笔者认为得出此结论尚需谨慎。首先，本研究数据为实时数据，而此结论需要对于不同年龄段的受试进行历时的考察，综合各年龄段的实时数据，比较分析才能得出。其次，尚有一些实验数据无法得到合理解释。刘宁生(1995)对于汉语存在句调查的语料数据显示，先背景后图形语序的句子比例为100%，而本研究中，汉语单语组受试按先背景后图形次序组合图形得分为95.80，这一差别背后的原因有待进一步探究。

本研究实验1及实验3、4的第一项任务中，西方本族语受试按先背景后图形次序组合图形得分为50.32。本研究实验3任务2数据显示，英语母语受试按先图形后背景次序组合图片的受试，对同一个句子的判断时间，在先图形后背景启动条件下明显快于按先背景后图形组合图片的受试的判断时间，背景到图形次序启动条件下受试对目标句判断的反应时，明显慢于图形到背景启动条件下受试对目标句的判断；不同启动次序条件下，呈现出先图形后背景认知次序的受试，在背景到图形次序启动条件下对目标句判断的反应时，明显长于图形到背景启动条件下受试对目标句的判断。、

沈家煊(1996)以萧伯纳的五幕剧Pygmalion为语料样本，调查其中场景描写部分的存在句，以便跟刘宁生(1995)的调查做比较，结果发现采用先“目标”后“背景”次序的句子有15例，而采用先“背景”后“目标”次序的句子有18例，因此沈家煊认为两种次序的使用频率大致相当。

以上研究数据及语料数据能否说明认知方式的差异是英语语序差异背后的动因？本研究数据只能说明认知与语言共同作用的瞬间，空间认知次序影响语言在线理解的次序。尽管沈家煊(1996)对于英文存在句研究的语料与本研究数据50.32相吻合，但是英语本族语组呈现出的三种认知方式的比例尚且无法得到合理解释。本研究数据为沈家煊(1996)“不能说英语有很强的由‘目标’到‘背景’的感知倾向，只能说英语不像汉语一样具很强的由‘背景’到‘目标’的感知倾向”这一论述提供了佐证；同时也在实时角度下，验证了Lakoff & Johnson (1980: 126)“空间的概念(spatial concepts)会被直接物化(apply)于句子形式中”这一思想，但由于本研究只是针对成人受试做的一次实时角度下的研究，同时尚有数据无法得到合理解释，因此，尚且无法明确得出“认知方式是语序差异背后的动因”这一结论。

8.5 对外语教学的启示

我国英语学习主要渠道是课堂教学。教学材料、教学大纲及教学方法直接决定了学生学习语言的质量、方法及效果。空间感知方式是否影响二语习得者第二语言的加工？如果是，可以通过哪些途径将空间感知方式的规律融入外语教学，以帮助学生更精准、高效地理解及应用外语？

本研究发现，对于英语初级及中高级学习者，一语及二语的概念处于合并重组状态。具体体现为在组合图形时，两组受试均体现出先背景后图形的认知倾向性；在句子加工时，显现出先背景后图形及先图形后背景两种次序启动条件下，初级英语水平(水平1)的汉语本族语受试反应时的差异，与在两种启动条件下中高级英语水平(水平2)的汉语本族语者反应时差异之间，存在显著差异。上述两组受试在不同启动条件下反应时的差异，与英语本族语者在两种不同条件启动下反应时的差异间，存在显著差异。这表明，英语作为第二语言学习者的空间感知倾向影响语言在线加工；第二语言的水平也影响英语学习者的空间感知倾向。

针对空间感知方式的差异，及其在语言表征方面的不同，在教学大纲中制定相应的教学要求(Brown 2015)，为学生提供相应的概念知识、进行认知方式的系统比较(文秋芳 2014)和讲解、通过视觉刺激增加学生对不同概念的体验(Pavlenko & Volynsky 2015)，及用多模态形式为学生提供认知方式的练习(Athanasopoulos et al. 2015)，都有利于提高学生理解及学习相应的语言表征，从而帮助学生更高效地掌握语言。

8.6 研究的信度及效度

研究的信度和效度是量化研究中，用于检验研究的可重复性及研究可靠性的重要指标。研究信度具体指对同一现象进行重复观察之后是否可以得到相同的结果；研究的效度具体检验是否是自变量，而不是其他的各种因素造成了因变量的变化(Brewer 2000)。

本研究的信度首先体现在研究设计的可重复性上。语言与认知的关系非常复杂，所研究的认知活动界定越清晰、任务越单一，研究设计的重复性越高，信度也越高。其次，为确保实验结果提取过程的准确性及数据分析过程的可重复性，笔者专门针对本实验的反应时数据设计了数据提取软件，以保证全部与实验相关的反应时数据可以一次性从原始数据中准确提取出来，并且在软件界面上可以直接读出运算的结果。再次，为保证图形组合数据频次计算的准确性，笔者引入一位研究助手同时进行频次的计数及运算，与笔者的数据进行同伴检验。最后，研究的信度还体现在本项研究的结果与基于语料分析的研究结果有较高的一致性。例如，对于汉语本族语组而言，先背景后图形的认知倾向性特征这一发现，及这一认知倾向性影响语言的结论为很多已有研究(刘宁生 1995：360；赵世开，1999a：44；赵世开 2001：35；沈家煊 1996；高文成 2008；宫同喜 2014 等)提供了的佐证。对于英语本族语者而言，认知方式影响语言这一结论也支持了很多已有研究(如刘宁生 1995；赵世开 2001；沈家煊 1996 等)研究的结论。从整体上讲，本项研究结论还在空间领域，进一步验证了杨文星、文秋芳(2014)及杨文星(2015)在时间思维方式领域提出的思维方式影响语言加工假说。

本研究主要采取了六种方法保证实验的效度。第一，多次前期研究。研究设计过程中的每一个因素，包括测试项的数量、实验的材料的选取、每一个实验步骤的时长，都严格依据相应前期测试的数据，精心设计确定。第二，严格控制潜在的干扰变量。实验中对英语水平1组汉语本族语受试及英语水平2组汉语本族语受试的英语学习水平；英语学习起始时间、汉、英两个单语组的语言学习背景；受试右利手等因素都进行了严格控制。第三，组间平衡设计。实验3中，为避免同一位受试遇到相同的目标判断项，笔者进行了组间平衡的处理。第四，数据处理先进行组内的比较，再进行组间的比较。尽管本研究受试年龄跨度较大，但本实验先在组内做两种启动条件下受试反应时的比较，再将二者的差异做组间比较，这样的方式可以较好地控制年龄因素对实验结论的影响。第五，数据的互证。在实验3和实验4中，为得出明晰的结论，笔者除进行两种不同启动条件下的反应时之间比较外，还将受试在两项任务中的表现做了综合分析。第六，编制数据自动提取软件。因为反应时数据后台数据是多列数据，与实验相关的数据呈现并不系统，需要研究人员人工定位数据一项一项地复制出来。为保证反应时数据的准确性，本研究并未采用人工方式从反应时后台数据中复制相关数据，而是编制了数据自动提取软件。软件可自动定位相关数据位置，并且将每位受试反应时数据准确读取出来，并系统化地呈现(软件界面定参见附录13)。

8.7 结语

本章结合本研究四项实验的研究结果，对汉、英本族语者空间感知方式的倾向性特征、空间感知方式对母语加工的影响及空间感知方式对二语加工的影响问题进行了总体性的讨论。此外，本章从应用层面呈现了本研究在二语学习者外语水平问题方面的发现，并讨论了本研究结果在外语教学方面的应用。最后本章讨论了研究的信度及效度问题。

第九章　结　论

本研究的目的是考察汉、英本族语者空间感知方式对语言在线加工的影响，并在对以往文献综述及对研究数据分析的基础上，提出并验证“空间感知方式影响语言加工”假说。该假说主要内容是：(1)汉、英本族语者空间感知方式存在不同的倾向性特征；(2)汉、英本族语者空间感知方式的倾向性特征影响母语的在线加工；(3)汉、英双语者空间感知方式的倾向性特征影响二语的在线加工。总体看来，本研究的目的已实现，但研究存在局限，同时研究结果也揭示出诸多有意义的现象值得深入挖掘。本章分为三个部分：研究发现、研究价值、研究的局限及对未来研究的展望。

9.1　研究发现

本研究的发现主要体现在如下四个方面：

第一，汉、英母语者空间感知方式存在不同的倾向性特征。汉语本族语中汉语单语组受试存在明显的先背景后图形的认知倾向性(100%)；英语本族语者的空间感知方式存在三种情况：先背景后图形(51.61%)，先图形后背景(32.25%)及二者均衡(16.12%)。与以往研究相比，本研究将语言与认知的关系直接作为研究对象，并且更清晰地界定了研究的维度，避免了过于笼统的结论；另外，本研究采用了行为实验，避免了眼动研究可能给认知次序研究带来的干扰变量；同时，本研究与以往研究相比，细化了受试的群体，并深入考察了英语本族语者内部存在的不同情况。与语言学领域的研究相比，本研究结果更接近沈家煊(1996)依据中、西方语料的比较得出的结论，即“不能说英语有很强的由‘目标’到‘背景’的感知倾向，只能说英语不像汉语一样具很强的由‘背景’到‘目标’的感知倾向”；本研究数据进一步揭示出英语本族语者群体内部空间感知次序的差异。人类的认知方式是错综复杂、不断变化的系统，无论是文化、语言还是生理机制，任何单方因素都无法完全解释东、西方受试认知方式的倾向性特征，以及组间和组内的差异，但每项研究都可以在不同层面上展现出不同的细节。本研究结果中英语本族语者群体内部认知方式的复杂性，值得在后续的研究中更深入地考察。

第二，空间感知方式的特征影响母语的在线加工。本研究结果显示，习惯性背景—图形认知次序影响受试对母语的在线理解，认知的倾向性特征使受试在相关启动条件下对母语加工的反应速度快于或慢于另一种启动条件。具体体现在三个方面：1)认知次序为先背景后图形的汉语本族语者，先背景后图形的启动刺激触发了其思维中的习惯性先背景后图形认知次序，这一启动量使其判断先背景图形汉语语句的速度，比在先背景后图形次序启动刺激条件下更快。2)认知次序为先背景后图形的英语本族语者，先背景后图形的启动刺激同样触发了其思维中的习惯性先背景后图形认知次序，这一启动量使其判断先图形后背景的英语语句的速度，比先图形后背景次序启动刺激条件下更慢。3)认知次序为先图形后背景的英语本族语者，先图形后背景的启动刺激触发了其思维中的习惯性先图形后背景认知次序，这一启动量使其判断先图形后背景的英语语句的速度，比在先背景后图形次序启动刺激条件下更快。

本研究为 Lakoff & Johnson(1980)的“说话的行为与时间相关(correlated)，时间又是依据空间进行概念化(conceptualize)的，因此空间概念(spatial concepts)会被直接物化(apply)于句子形式中”这一观点在实时角度下、在空间感知领域提供了佐证。同时，在研究中笔者发现，汉语本族语者的研究数据中(主要是在英语水平 2 的汉语本族语者群体中)同样存在按先图形后背景组合图形的情况，只是比较小；对于英语本族语受试，笔者认为呈现出先背景后图形认知次序的部分受试，不能排除他们的概念中也同时存在先图形后背景的认知方式；对于呈现出先图形后背景认知次序的受试，情况也相同，不能排除他们的概念中也存在同时先背景后图形的认知方式，其中的原因也值得进一步考察。

第三，空间感知方式的特征影响二语的在线加工。本研究结果表明，受试的习惯性背景—图形认知次序不仅对母语的理解加工有重要的影响，也会影响第二语言的理解加工。与习惯性认知次序对英语本族语受试理解加工的情况相似，英语水平 2 的汉语本族语受试在实验任务中的表现说明，认知次序为先背景后图形的水平 2 的汉语本族语受试，先背景后图形的启动刺激触发了其思维中的习惯性先背景后图形认知次序，这一启动量使其判断先图形后背景的英语语句的速度，与先图形后背景次序启动刺激条件相比更慢；认知次序为先图形后背景的水平 2 的汉语本族语受试，先图形后背景的启动刺激触发了其思维中的习惯性先图形后背景认知次序，这一启动量使其判断先图形后背景的英语语句的速度，比先背景后图形次序启动刺激条件下更快。

第四，第二语言的习得以及习得水平影响空间感知方式。本研究实验 4 结果表明，中高级英语学习者(英语水平 2 组)，其概念合并现象明显。本研究与以往研究(杨文星 2015)结论不同，概念迁移理论中概念的合并及重组理论为本项研究发现提供了较合理的解释。

9.2 研究价值

本研究在检验前人理论及假说的基础上，依据实证数据，提出并验证“空间感知方式影响语言加工”假说，明确回答了在空间感知次序是否是影响语序在线加工差异的直接动因之一。

本研究的理论价值体现在两个方面。

第一，检验与发展既有关于语言与认知关系的理论。Lakoff &

Johnson(1980：126)认为“空间概念(spatial concepts)会被直接物化(apply)于句子形式中”。本研究发现，空间概念中的背景—图形认知加工的次序是在线语序加工差异的动因之一。研究结果显示，认知次序影响汉、英本族语者对母语的在线加工，也影响汉英双语者对二语的在线加工。从而检验及丰富认知语言学背景—图形这一空间概念领域，认知方式与语言关系的理论。

杨文星和文秋芳(2014)通过实验研究了汉语本族语者和英语本族语者对于时间的认知方式，发现时间思维方式的差异不仅存在于汉、英本族语者之间，也存在于汉语本族语者群体内部。以Tohidian(2009：61)“思维方式决定语言使用”理论为基础，杨文星(2015)提出“思维方式影响语言使用”假说，“主张共时角度下思维方式会对语言加工产生影响”。杨文星(2015)以时间概念为研究对象，依据反应时数据得出的结论是“共时角度下思维方式会对语言加工产生影响”。这一假说在空间概念中是否能够得到验证？本研究在背景—图形概念领域进一步验证了杨文星(2015)在时间思维领域提出的“思维方式影响语言使用”假说。与杨文星不同的结论在于，杨文星的研究发现，第二语言的学习以及第二语言习得水平不会改变认知方式；而本研究结果显示，第二语言学习者的认知方式因第二语言的学习发生了概念重组，同时，第二语言习得水平影响概念重组的程度。概念是复杂、变化的体系，得出的结论不可一概而论。

第二，提出并验证了“空间感知方式影响语言加工假说”，从而进一步补充和丰富了思维—语言在线关系的理论及实证研究。

本研究的方法论意义主要体现在两个方面。第一，对研究方法的创新。应用心理学实验方法，考察“汉、英本族语者及汉、英双语者空间感知次序是否影响语言在线加工”这一问题的研究还是空白。本研究针对此问题，设计出一套测试空间感知次序的量具，及一套考察空间感知次序是否影响语言在线理解的量具。研究设计的优势是，依据认知语言学及认知心理学的理论及现有的相关心理学实验研究

(Boroditsky 2001；Chen 2007；January and Kako 2007；Tse and Altarriba 2008；杨文星、文秋芳 2014；杨文星 2015)进行设计。研究历时十三个月，每一步研究设计的推进，主要包括对研究工具项目数、呈现方式、数据收集器材、实验材料、实验步骤等因素的确定，都是以前期研究的结果为基础进行的，均以更有效地回答研究问题及达到更好的实验信度和效度为出发点。

对于测试空间感知次序的量具(见附录 1、2)，重点考虑了如下三点：(1)实验材料的呈现方式，前测中是通过拖一拉的方式进行组图，但是由于一部分受试年纪偏大，拖拉图形时不能一次拖到指定位置，或者手抖导致完成任务的时间过长，通过前期测试，最终将完成任务的方式改为点击，即只要受试点击相应图片，该图片直接呈现在指定位置；(2)背景、图形的上下次序，前测发现有些受试并不认真看图，而是一律先点上面一张图，再点下面一张图，为避免此类情况影响实验结果，笔者从十个目标场景图片中随机抽取五张，将其背景放在上面，图形放在下面，再将另外的五张图按照图形在上，背景在下的次序放置，同时在处理实验数据时，排除一律先点上面一张图，再点下面一张图的受试的数据；(3)随机问题，加入 10 个干扰项后，编写随机处理程序，对全套实验项目进行了随机处理。

针对考察空间感知次序是否影响语言在线理解的量具(见附录 6、7)，重点考虑了如下六点：(1)项目数的问题，前测中将总项目数设定为 60(40 个目标项及 20 个干扰项)，发现正确率仅为 71.73%，最终减为 30(20 个目标项及时 10 个干扰项)，并将 30 个项目分成两部分，每部分 15 项，做完第一部分后受试可中场休息 3—5 分钟，调整好后再做第二部分的 15 项，正确率提高至 93.12%；(2)实验收集器材，为准确记录实验过程，前测中除应用 E-Prime 进行数据收集外，还同时使用 camtasia studio 软件进行了屏幕录像，前测过程中发现 camtasia studio 的应用导致电脑反应速度时快时慢，因此确定只应用 E-Prime 记录时间及正确率；(3)随机问题，编写随机处理程序(见附录 11)，对全套实验项目进行随机处理；(4)反应时数据提取问题，因为反应时数据分布不规律，为防止提取过程中出现错误，编写反应时数据统一提取程序(见附录13)；(5)组图任务对反应时任务的影响问题，实验前测显示，组图任务不影响反应时任务数据，前测点分别为做完组图任务马上参与反应时任务、三个小时后参与反应时任务及一个月后参与反应时任务，三项数据间不存在显著差异；(6)受试有限问题，因为汉语单语组受试及短期来中国的英语本族语受试数目有限，实验设计本身又需要大量前测结果来逐级确定，反应时数据收集过程中，笔者应用带加密狗的正版 E-Prime 软件，一个受试一个受试地收集数据，以确保软件正常运行及数据的有效率。

第二，与已有研究间接得出结论的方式相比，本研究结论依据的是客观数据，不掺加任何主观推测，每项结论都是通过实验数据及组内、组间数据的比较及互证得出。

本研究的实践意义主要体现为三点：第一，本研究可为观察和解释汉、英本族语者及汉、英双语者在与背景—图形这对空间概念相对的语言在语序上的表现提供依据；第二，本研究可为英、汉互译中语序比较研究提供形成机制角度的解释及依据；第三，对思维和第二语言学习关系的探究有助于为第二语言学习者语序方面语误的认知机制提供解释；对于语序认知理据的分析有助于二语学习者理解目标语人群的思维方式，及目标人群传递的信息，提高学习者对第二语言的理解精准度，提升第二语言学习者对目标语使用的质量，从而提升教学效果。

9.3 研究的局限性及对未来的展望

将心理学行为实验方法用于考察背景—图形认知次序对语序在线加工的影响，在目前已发表的文献中还几乎没有。本研究作为一种探索性的尝试，虽然希望尽全力做得科学严谨，但仍然存在很多局限之处，这些局限之处希望在未来的研究中能够得到完善，以便帮助我们更全面地观察认知与语言的关系，得出更客观精确的结论，从而发展理论、指导教学。

第一，本研究双语(英语水平1及英语水平2的汉语本族语受试)实验受试，在选取过程中，未考虑两个维度，第一是语言环境；第二是教学方法。通过课堂教学学习英语的二语学习者与在自然环境下学习英语的学习者之间，有可能在概念的变化及发展方面均会呈现出不同的情况；同时，在听说法环境中学习英语的受试(如外国语学校的学生)与将重心放在应试，主要是应对笔试，并主要接受传统的语法翻译方法教学的受试，他们概念的变化可能也会呈现出不同的状态。笔者计划在未来的研究中，细化对受试外语学习环境及教与学方法方面的控制，以便更有针对性地解决不同教学环境下可能产生的问题。

第二，对于实验中目标项目数，笔者依据先期研究中受试的错误率进行了调整，即从四十项调整为二十项。二十个目标项是否足以得出确切的结论，还有待进一步考证。另外，笔者依据前人研究，最终将启动的时间确定为3000ms，背景及图形各为1500ms。确定这一时长的依据是先前的研究，受试对于启动刺激的注意是否在此处达到峰值？背景与图形两项刺激SOA是否会存在不一致的情况？背景与图形呈现中间是否需要明确时间间隔？这些因素均会影响本研究的结果。笔者计划在未来的研究中，在设计中更精细地考虑以上因素。

第三，本研究重点考察了东、西方受试背景—图形认知次序对语言加工的影响，并呈现出英语本族语受试组内的差异。但这些结果的解释，目前笔者仍在继续探索。尽管以往的研究中，将其直接解释为文化的因素、语言的因素或是生理因素，但任何因素目前都无法为本研究数据提供充分合理的解释。因此，人类的认知是复杂的系统，首先，英语本族语组内部的差异有待进一步的研究；其次，笔者认为本研究的结论是否能够推广至整个空间概念领域，甚至其他概念领域，还需要大量的实验数据的验证。

第四，本研究为更清晰地呈现认知方式对母语及二语在线加工的影响，设置了非语言任务。何为非语言任务？认知和语言是否可以，以及在多大程度上可以分开？对于这一问题的回答目前并不明确。笔者认为语言与认知二者相互作用，将二者的相互影响作为研究对象具体考察可以得出更全面的结论。限于研究时间及条件，笔者对二者相互的影响研究维度考虑不足，因此本研究的结论只是暂时的，后续的研究可以考虑在二者的互动中，将二者的动态关系在共时的角度下呈现出来。

第五，本研究实验 4 中，参与第二轮实验数据分析的受试因为需要满足多项条件，而得出相应实验结论的受试在第二组中参与了哪一组实验程序是随机分配的，因此受试仅为 6 人及 9 人，尽管实验项目总数在统计学意义上讲，已经达到数据正态分布的要求，但受试相对较少仍然可能会影响实验结果。在后续的研究中，需要增加受试人数，以便在第二步数据分析过程中，能够参与进来的受试更多，使实验结果更准确。

笔者计划未来从如下四个方面对本研究中的问题进行深入研究。第一，本研究实验 4 发现，第二语言的发展影响了汉语本族中者的认知次序。事实上，认知并非孤立的因素，影响认知的因素除语言外一定还有更丰富的层面，例如社会文化因素等，今后的研究可以考察更多的因素对认知的影响，综合考虑各方面的因素，可以帮助笔者更全面地理解认知以及语言与认知的关系，同时为教学提供更准确的建议。第二，本研究只重点考察了认知方式对语言在线理解的影响，未涉及产出的维度。产出的数据可能与本研究结果互证，也可能与本实验结果不一致，无论结论如何，都可以帮助笔者从更多的角度、更加全面地理解认知与语言的关系，同时揭示出更多维度的问题。第三，限于研究时间，本实验仅关注了成年人共时的维度，对认知与第二语言的关系研究，针对不同组受试，进行历时的跟踪以及比较研究，同时加入二语为汉语，母语为英语受试的数据，可以更全面地展现出客观的事实。进一步的研究需要完善历时的维度，扩大受试的范围，以期得到更加客观、丰富的观察数据及更加客观的结论。第四，本研究只关注了空间感知方式对单句在线加工的影响，这一结论能否推广至复句及语篇尚存未知，未来的研究需要针对不同语言层面设计实验。

参引文献

Andrews, D. (1999). *Sociocultural perspectives on language change in diaspora: Soviet immigrants in the United States*. Amsterdam: Benjamins.

Anooshian, L. J. & Hertel, P. T. (1994). Emotionality in free recall: Language specificity in bilingual memory. *Cognition and Emotion* 8(6): 503—514.

Aron, G. (2009). *The collected works of Aron Gurwitsch* (1901—1973). (Vol. 1) Springer: New York.

Athanasopoulos, P. Damjanovic, L. Burnand, J. & Bylund, E. (2015). Learning to think in a second language: Effects of proficiency and length of exposure in English learners of German. *Modern Language Journal*, 99, Supplement: 138—153.

Ben—Rafael, M. (2004). Language contact and attrition: The spoken French of Israeli Francophones. In M. Schmid, B. Kopke, M. Keijzer & L. Weilemar (Eds.) *First language attrition: Interdisciplinary perspectives on methodological issues*. Amsterdam: Benjamins, 165—187.

Bergen, B. & Lau. T. (2012). Writing direction affects how people map space onto time. *Frontiers in psychology* [OL]. https://doi.org/10.3389/fpsyg.2012.00109(accessed 21/03/2015).

Berman, R. A. & Slobin, D. I. (1994). Narrative structure. In Berman, R. A. & Slobin, D. I. *Relating events in narrative: A cross-linguistic developmental study*. Psychology Press, 39—84.

Biederman, I. (1972). Perceiving real-world scenes. *Science* (177): 77—80.

Biederman, I. Mezzanotte, R. J. & Rabinowitz, J. C. (1982). Scene perception: Detecting and judging objects undergoing relational violations. *Cognitive Psychology*, 14: 143—177.

Birdsong, D. & Gertken, L. M. (2013). In faint praise of folly: A critical review of native/non-native speaker comparisons, with examples from native and bilingual processing of French complex syntax. *Language, Interaction and Acquisition* 4: 107—133.

Bloom, A. H. (1981). *The Linguistic Shaping of Thought: A Study in the Impact of Language on Thinking in China and the West*, Hillsdale, New Jersey: Lawrence Erlbaum.

Bloom, P. (2004). Children Think before They Speak. *Nature* 430: 410—411.

Bloom, P. & Keil, F. (2001). Thinking Through Language. *Mind & Language* 16; 351—367.

Boroditsky, L. (2001). Does Language Shape Thought? English and Mandarin Speakers' Conceptions of Time. *Cognitive Psychology* 43: 1—22.

Brewer, M. B. (2000). Research design and issues of validity. In Reis H. T. & Judd C. M. (ed.), *Handbook of research methods in social and personality psychology*, Cambridge: Cambridge University Press, 3—16.

Brown, A. (2015). Universal development and L1—L2 convergence in bilingual construal of manner in speech and gesture in Mandarin, Japanese, and English. *Modern Language Journal*, 99, Supplement: 66—82.

Brown, A. & Gullberg, M. (2005). *Convergence in established and emerging language systems: Evidence from speech and gesture in L1 Japanese*. Paper presented at the 2nd International Conference on First Language Attrition (ICFLA), August, Amsterdam, Netherlands, 17—20.

Brown, R. W. & Lenneberg E. H. (1954). A Study in Language and Cognition. *Journal of Abnormal and Social Psychology* 49: 454—462.

Cadiemo, T. & Robinson, R. (2009). Language Typology, Task Complexity and the Development of L2 Lexicalization Patterns for Describing Motion Events. *Annual Review of Cognitive Linguistics* 7: 245—276.

Cadierno, T. & Lund. K. (2004). Cognitive linguistics and second language acquisition: Motion events in a typological framework. In B. VanPatten, J. Williams, S. Rott & M. Overstreet (eds.), *Form-meaning connections in second language acquisition*. Mahwah, NJ: Lawrence Erlbaum, 139—154.

Carroll, J. (ed.). (1956). *Language, Thought, and Reality: Selected Writings Benjamin Lee Whorf*. Cambridge, MA.: The MIT Press.

Castelhano, M. S. Wieth, M. S. & Henderson, J. M. (2007). I see what you see: Eye movements in real-world scenes are affected by perceived direction of gaze. In L. Paletta and E. Rome (Eds.) *Attention in Cognitive Systems*, Berlin: Springer, 252—262.

Chen, J. —Y. (2007). Do Chinese and English Speakers Think about Time Differently? Failure of Replicating Boroditsky (2001). *Cognition* (104): 427—436.

Chen, J. —Y. J. J. Su, & O'Seaghdha, P. G. (2013). Enduring Moments: The Extended Present in Chinese Speakers' Orientation to Event Time. *Journal of Pragmatics* 45: 90—103.

Chomsky, N. (1964). Current issues in linguistic theory. In Jerry A. Fodor & Jerrold J. Katz(Ed). *The structure of language*, NJ: Prentice Hall, 50—118.

Chomsky, N. (1975). *Reflections on Language*. New York: Pantheon Books.

Chomsky, N. (2000). *New Horizons in the Study of Language and Mind*. Cambridge: CUP.

Chua, H. J. Boland & Nisbett, R. (2005). Cultural variation in eye movements during scene perception *Proceedings of the National Academy of Sciences of the United States of America* (102): 12629—12633.

Chun, M. M. & Jiang, Y. (1998). Contextual cueing: Implicit learning and memory of visual context guides spatial attention. *Cognitive Psychology* (36): 28—71.

Corder S. P. (1983). A Role for the Mother Tongue. In: Gass S, Selinker L, (eds), *Language Transfer in Language Learning: Issues in Second Language Research*. MA: Newbury House Publishers, 5—18.

Crawford, L. Regier, T. & Huttenlocher, J. (2000). Linguistic and non-linguistic spatial categorization. *Cognition* 75(3): 209—235.

Croft, W. & Cruse, D. A. (2004). *Cognitive linguistics*. Cambridge University Press: Cambridge.

Crystal, D. (1997). *The Cambridge Encyclopedia of Language*. Cambridge: CUP.

De Graef, P. Christiaens, D. & d'Ydewalle, G. (1990). Perceptual effects of scene context on object identification. *Psychological Research* (52): 317—329.

De Groot, A. M. (1984). Primed Lexical Decision: Combined

Effects of the Proportion of Related Prime-target Pairs and the Stimulus-onset Asynchrony of Prime and Target. *The Quarterly Journal of Experimental Psychology* 36(2): 253—280.

De Groot, A. M. (1992). Bilingual lexical representation: A closer look at conceptual representations. In R. Frost & L. Katz (Eds.), *Orthography, phonology, morphology and meaning*, Amsterdam: Elsevies, 389—412.

De Groot, A. M. (1993). Word—type effects in bilingual processing tasks: Support for a mixed—representational system. In R. Schreuder & B. Weltens (Eds.), *The bilingual lexicon*, Amsterdam: John Benjamins, 27—52.

Dechert H. & Raupach M. (eds.)(1989). *Transfer in Language Production*. Norwood, NJ: Ablex.

Dehaene, S. Changeux, J. P. Naccache, L. Sackur, J. & Sergent, C. (2006). Conscious, preconscious, and subliminal processing: a testable taxonomy. *Trends in cognitive sciences* 10(5): 204—211.

Dirk G. & Hubert C. (2007). *The Oxford Handbook of Cognitive Linguistics*. Oxford: Oxford University Press.

Dulay, H. C. & Burt, M. K. (1974). Natural sequences in child second language acquisitionl. *Language learning*, 24(1), 37—53.

Evans, K. Rotello, C. M. Li, X. & Rayner, K. (2009). Scene perception and memory revealed by eye movements and receiver—operating characteristic analyses: Does a cultural difference truly exist? The *Quarterly Journal of Experimental Psychology* 62(2): 276—285.

Evans, V. (2007). *A glossary of cognitive linguistics*. Edinburgh: Edinburgh University Press.

Fincher-Kiefer, R. (2001). Perceptual components of situation models. *Memory & Cognition* 29(2): 336—343.

Fincher-Kiefer, R. & D'Agostino, P. R. (2004). The role of visuospatial resources in generating predictive and bridging inferences. *Discourse Processes* 37(3): 205—224.

Flecken, M. Carroll, M. Weimar, K. & Stutterheim, C. (2015). Driving along the road or heading for the village? Conceptual differences underlying motion event encoding in French, German, and French-German L2 users. *Modern Language Journal*, 99, Supplement: 100—122.

Gass, S. M. & Selinker, L. (1983). *Language Transfer in Language Learning. series on issues in Second Language Research*. Massachusetts: Newbury House Publishers.

Geeraerts, D. & Cuyckens, H. (2007). *Introducing cognitive linguistics*. Oxford: Oxford University Press.

Gennari, S. P. Sloman, S. A. Malt, B. C. & Fitch, W. T. (2002). Motion events in language and cognition. *Cognition* 83(1): 49—79.

Gibbs, R. W. (2005). *Embodiment and Cognitive Science*. New York: Cambridge University Press.

Goto, S. G. Ando, Y. Huang, C. Yee, A. & Lewis, R. S. (2009). Cultural differences in the visual processing of meaning: Detecting incongruities between background and foreground objects using the N400. *Social cognitive and affective neuroscience* (5): 242—253.

Goto, S. Y. Ando, C. Huang, C. Yee, A. & Lewis, R. S. (2010). Cultural Differences in the Visual Processing of Meaning: Detecting Incongruities Between Background and Foreground Objects Using the N400. *Social Cognitive and Affective Neuroscience* (5): 242—253.

Grigorenko, E. L. & Sternberg, R. J. (1995). Thinking styles. In Saklofske, D. H. & Zeidner, M. (eds.) *International handbook of personality and intelligence*. New York: Springer U. S., 205—229.

Gullberg, M. (2011). Thinking, speaking and gesturing about motion in more than one language. In A. Pavlenko (ed.), *Thinking and Speaking in Two Languages*. Clevedon, UK: Multilingual Matters, 143—169.

Han, Z. H. & Cadierno, T. (2010). *Linguistic Relativity in Second Language Acquisition: Thinking for Speaking*. Clevedon: Multilingual Matters.

Han, Z. H. & Cadierno, T. (2013). Linguistic relativity in SLA. In P. Robinson (ed.), Routledge Encyclopedia of Second Language Acquisition. New York: Routledge. 393—396.

Han, Z. H. & Lew, M. (2012). Acquisitional complexity: What defies complete acquisition in Second Language Acquisition. In B. Kortman & B. Szmrecsanyi (eds.), *Linguistic Complexity*. Berlin: De Gruyter, 192—218.

Han, Z. & T. Cadierno. (2010). Linguistic Relativity in SLA. Thinking for Speaking. Bristol/New York: Multilingual Matters.

Henderson, J. M. (2003). Human gaze control during real-world scene perception. *Trends in Cognitive Sciences* (7): 498—504.

Henderson, J. M. & Hollingworth, A. (1999a). High-level scene perception. *Annual review of psychology* 50(1): 243—271.

Henderson, J. M. & Hollingworth, A. (1999b). The role of fixation position in detecting scene changes across saccades. *Psychological Science*, 10(5): 438—443.

Hendriks, H. & Hickmann, M. (2015). Finding one's path into another language: On the expression of boundary crossing by English learners of French. *Modern Language Journal*, Supplement 99 14—31.

Herd, S. A. Krueger, K. A. Kriete, T. E. Huang, T. R. Hazy, T. E. & O'Reilly, R. C. (2013). Strategic cognitive sequencing: a computational cognitive neuroscience approach. *Computational intelligence and neuroscience* (4): 1—18.

Hergenhahn B. R. (2009). An Introduction to the History of Psychology. Wadsworth: California.

Hespos, S. J. and E. S. Spelke (2004). Conceptual Precursors to Spatial Language. *Nature* (430): 453—456.

Hollingworth, A. (2003). Failures of retrieval and comparison constrain change detection in natural scenes. *Journal of Experimental Psychology: Human Perception and Performance* (29): 388—403.

Hollingworth, A. (2004). Constructing visual representations of natural scenes: The roles of short-and long-term visual memory. *Journal of Experimental Psychology: Human Perception and Performance* (30): 519—537.

Hollingworth, A. & Henderson, J. M. (2002). Accurate visual memory for previously attended objects in natural scenes. *Journal of Experimental Psychology: Human Perception and Performance* (28): 113—136.

Imai, M. & Gentner, D. (1993). Linguistic relativity vs. universal ontology: Crosslinguistic studies of the object / substance distinction. In *Proceedings of the 29th Chicago Linguistic Society*. Chicago: Chicago Linguistic Society. 171—186.

January, D. and E. Kako (2007). Re-evaluating Evidence for the Linguistic Relativity Hypothesis: Response to Boroditsky (2001). *Cognition* 104: 417—426.

Jarvis, S. & Pavlenko, A. (2008). Crosslinguistic Influence in Language and Cognition. New York: Routledge.

Jarvis, S. (1998). *Conceptual Transfer in the Interlingual Lexicon. Bloomington*, IN: Indiana University Linguistics Club Publications.

Jarvis, S. (2007). Theoretical and methodological issues in the investigation of conceptual transfer. *Vigo International Journal of Applied Linguistics* (VIAL) 4: 43—71.

Jarvis, S. (2011). Conceptual transfer: Crosslinguistic effects in categorization and construal. *Bilingualism: Language and Cognition* 14: 1—8.

Jessen, M. & Cadierno, T. (2013). Variation in the categorization of motion in L2 Danish by German and Turkish native speakers. Goschler, J. & Stefanowitsch, A. (Eds.), *Variation and change in the encoding of motion events* (Vol. 41), Amsterdam: John Benjamins Publishing, 133—159.

Joseph, J. E. (2010). Chomsky's Atavistic Revolution (with a little help from his enemies). In Kibbee, D. A. (Ed). *Chomskyan (r) evolutions*, Philadelphia: John Benjamins Publishing, 1—18

Kay, P. & Regier, T. (2006). Language, thought and color: recent developments. *Trends in cognitive sciences* 10(2): 51—54.

Kellerman E., Smith M. S., eds. (1986). *Cross-Linguistic Influence in Second Language Acquisition*. Oxford: Pergamon Press.

Kellerman, E. (1995). Crosslinguistic influence: Transfer to nowhere. *Annual review of applied linguistics*, 15(1): 125—150.

Klahr, D. & Langley, P. (1987). *Production system models of learning and development*. Boston: MIT press.

Klein, W. (1998). The contribution of second language acquisition research. *Language Learning* 48(4): 527—549.

Klein, W. & Perdue, C. (1997). The Basic Variety (or: Couldn't natural languages be much simpler?). *Second language research* 13(4): 301—347.

Klein, W. (2009). Concept of Time. In W. Klein and P. Li

(eds.). *The Expression of Time*, Berlin & New York: Mouton de Gruyter, 5—38.

Kolers, P. A. & Gonzalez. (1980). Memory for words, synonyms, and Translations. *Journal of Experimental Psychology: Human Learning and Memory* 6(1): 53—65.

Kolers, P. A. (1963). Interlingual word associations. *Journal of Verbal Learning and Verbal Behavior* (2): 291—300.

Kramsch, C. (1998). *Language and culture*. Oxford: Oxford University Press.

Kroll, J. F. & E. Stewart. (1994). Category Interference in Translation and Picture Naming: Evidence for Asymmetric Connections between Bilingual Memory Representations. *Journal of Memory and Language* 33(2): 149—174.

Lado, R. (1957). *Linguistics across Cultures*. Ann Arbor: University of Michigan Press.

Lakoff, G. & M. Johnson. (1999). *Philosophy in the Flesh: The Embodied Mind and Its Challenge to Western Thought*. New York: Basic Books.

Lakoff, G. (1987). *Woman, Fire and Dangerous Things: What Categories Reveal about the World*. Chicago: The University of Chicago.

Lakoff, G. & M. Johnson (1980). *Metaphors we live by*. Chicago: University of Chicago Press.

Langacker, R. W. (1987). *Foundations of cognitive grammar: Theoretical prerequisites* (Vol. Ⅰ). California: Stanford university press.

Langacker, R. W. (1991). *Foundations of cognitive grammar: Theoretical prerequisites* (Vol. Ⅱ). California: Stanford university press.

Larsen-Freeman, D. (1997). Chaos/Complexity Science and Second Language Acquisition. *Applied Linguistics* (18): 141—165.

Larsen-Freeman, D. (2006). The Emergence of Complexity, Fluency, and Accuracy in the Oral and Written Production of Five Chinese Learners of English. *Applied Linguistics* (27): 590—619.

Larsen-Freeman, D. (2012). Complex, Dynamic Systems; A New Transdisciplinary Theme for Applied Linguistics? *Language Teaching* (45): 202—214.

Lenneberg, E. (1953). Cognition in Ethnolinguistics. *Language* (29): 463—471.

Levinson, S. (1997). From outer to inner space: Linguistic categories and non-linguistic thinking. In J. Nuyts & E. Pederson (Eds). *Language and Conceptualization*. Cambridge: CUP, 13—45.

Liepmann, D. & Saegert, J. (1974). Language tagging in bilingual free recall. *Journal of Experimental Psychology* 103(6): 1137—1141.

Loftus, G. R. & Mackworth, N. H. (1978). Cognitive determinants of fixation location during picture viewing. *Journal of Experimental Psychology: Human Perception and Performance* (4): 565—572.

Lucy, A. (1992). *Grammatical Categories and Cognition: A Case Study of the Linguistic Relativity Hypothesis*. Cambridge: CUP.

Majid, A. Bowerman, M. Kita, S. Haun, D. B. & Levinson, S. C. (2004). Can language restructure cognition? The case for space. *Trends in cognitive sciences* 8(3): 108—114.

Marian, V. & Kaushanskaya, M. (2004). Self-construal and emotion in bicultural bilinguals. *Journal of Memory and Language* (51): 190—201.

Masuda, T. & Nisbett, R. E. (2001). Attending holistically versus analytically: comparing the context sensitivity of Japanese and Americans. *Journal of personality and social psychology* 81(5): 922.

Matsumoto, D. (2009). *The Cambridge dictionary of psychology*. Cambridge: Cambridge University Press.

McAfee, C. (2004). The Linguistic Relativity Theory and Benjamin Lee Whorf. *The McMaster Journal of Communication*, (1): 26—30.

Munnich, E. Landau, B. & Dosher, B. A. (2001). Spatial language and spatial representation: A cross-linguistic comparison. *Cognition* 81(3): 171—207.

Needham, J. (1954). *Science and Civilisation in China*, Vol. 1. Cambridge, UK: Cambridge University Press.

Newell, A. & Simon, H. A. (1972). *Human problem solving* (Vol. 104, No. 9). Englewood Cliffs, NJ: Prentice-Hall.

Nisbett, R. (2010). *The Geography of Thought: How Asians and Westerners Think Differently...and why*. New York: Simon and Schuster.

Nisbett, R. Peng, I. Choi & A. Norenzayan (2001). Cultural and systems of thought: Holistic versus analytic congnition. *Psychological Review* (108): 291—310.

Odlin T. (1989). *Language Transfer: cross-linguistic influence in language learning*. Cambridge: Cambridge University Press.

Osherson, D. N. (1995). *An invitation to Cognitive Science Vol. 1: Language*. Cambridge, MA.: The MIT Press.

Otheguy, R. & Garcia, O. (1993). Convergent conceptualizations as predictors of degree of contact in U. S. Spanish. In A. Roca & J. Lipski (Eds.), *Spanish in the US: Linguistic contact and diversity*. Berlin: De Gruyter, 135—154.

Panayiotou, A. (2004). Switching codes, switching code: Bilinguals' emotional responses in English and Greek. *Journal of Multilin-*

gual and Multicultural Development 25: 124—139.

Papafragou, A. Massey, C. & Gleitman, L. (2002). Shake, rattle, "n" roll: The representation of motion in language and cognition. *Cognition* 84(2): 189—219.

Papaioannou, C. & Padilla, A. M. (1982) Bilingual memory of Greek—English bilinguals. *Psychological-Reports* 50(3): 1047—1054.

Pavlenko, A. (1998). *SLA and acculturation: conceptual transfer in L2 learners' narratives.* Paper presented at AAAL, Seattle, WA.

Pavlenko, A. (2002). Bilingualism and emotions. *Multilingua* (21): 45—78.

Pavlenko, A. (2003). Eyewitness memory in late bilinguals: Evidence for discursive relativity. *The International Journal of Bilingualism* (7): 257—281.

Pavlenko, A. (2005). Bilingualism and thought. In A. M. B. De Groot & J. Kroll (eds.), *Handbook of Bilingualism: Psycholinguistic Approaches*. Oxford, UK: Oxford University Press. 433—453.

Pavlenko, A. (2011). *Thinking and Speaking in Two Languages.* Clevedon, UK: Multilingual Matters.

Pavlenko, A. & Volynsky, M. (2015). Motion encoding in Russian and English: Moving beyond Talmy's typology. *Modern Language Journal*, 99, Supplement 2015: 32—48

Piaget, J. (1969). *The Child's Conception of Time.* New York: Ballantine Books.

Piaget, J. and B. Inhelder (1969). *The Psychology of the Child.* New York: Basic Books.

Piaget, J. (1970). *Genetic Epistemology.* New York: W. W. Norton & Company.

Rayner, K. Li, X. Williams, C. C. Cave, K. R. & Well, A. D.

(2007). Eye movements during information processing tasks: Individual differences and cultural effects. *Vision research* 47(21): 2714—2726.

Riding, R. & Cheema, I. (1991). Cognitive styles—an overview and integration. *Educational psychology* 11(3—4): 193—215.

Rubin, E. (1915). *Synsoplevede Figurer: Studier in psykologisk Analyse. Første Del* [*Visually experienced figures: Studies in psychological analysis*. Part one]. Copenhagen and Christiania: Gyldendalske Boghandel, Nordisk Forlag.

Rubin, E. (1936). Taste. *British Journal of Psychology* (27): 74—85.

Rubin, E. (1958). Figure and ground. In D. C. Beardslee & M. Wertheimer (Eds.). *Readings in perception* (194—203). Princeton, NJ: D. Van Nostrand.

Selinker, L. (1972). Interlanguage. *IRAL—International Review of Applied Linguistics in Language Teaching* 10(1—4): 209—232.

Selinker, L. (1992). *Rediscovering interlanguage: Applied linguistics and language study*. New York: Longman.

Sharon G. A. Yumi, H. Carol, Y. Alicia & S. Richard (2009). Cultural Difference in the Visual Processing of Meaning: Detecting Incongruities Between Background and Foreground Objects using the N400. *Social Cognitive and Affective Neuroscience*, (5): 242—253.

Slobin, D. I. (1987). Thinking for Speaking. In L Aske, N. Beery, L. Michaelis and H. Filip (eds.), *Proceedings of the Thirteenth Annual Meeting of the Berkeley Linguistics Society*. Berkeley: Berkeley Linguistics Society, 435—444.

Slobin, D. I. (1991). Learning to Think for Speaking: Native Language, Cognition, and Rhetorical Style. *Pragmatics* (1): 7—25.

Slobin, D. (1993). Adult language acquisition: A view from child language study. In C. Perdue (ed.), *Adult Language Acquisition: Cross—linguistic Perspectives*. Cambridge: CUP, 239—252.

Slobin, D. I. (1996). From "Thought and Language," to "Thinking for Speaking". In J. Gumperz and S. Levinson (eds.), *Rethinking Linguistic Relativity. Studies in the Social and Cultural Foundations of Language*, Vol. 17. Cambridge: Cambridge University Press, 70—96.

Slobin, D. I. (1997). Mind, Code, and Text. In J. Bybee, J. Haiman and S. A. Thompson (eds.), *Essays on Language Function and Language Type: Dedicated to T. Givón*. Amsterdam/Philadelphia: John Benjamins, 437—467.

Slobin, D. I. (1998). A Typological Perspective on Learning to Talk About Space. In Ragnarsdóttir, H. & Strömqvist, S. (eds.), *Learning to Talk About Time and Space. Proceedings of the 3rd NELAS Conference*. Reykjavík and Göteborg: University. College of Education and Department of Linguistics, University of Göteborg, 1—30.

Slobin, D. I. (2000). Verbalized Events: A Dynamic Approach to Linguistic Relativity And Determinism. In S. Neimeier and R. Dirven (eds.). *Evidence for Linguistic Relativity*. Amsterdam/Philadelphia: John Benjamins, 107—138.

Slobin, D. I. (2003). Language and Thought Online: Cognitive Consequences of Linguistic Relativity. In D. Gentner and S. Goldin—Meadow (eds.), *Language in Mind: Advances in the Study of Language and Thought*. Cambridge, MA: MIT Press, 157—192.

Slobin, D. I. (2006). What Makes Manner of Motion Salient? Explorations in Linguistic Typology, Discourse, and Cognition. In M. Hickmann and S. Robert (eds.), *Space in Languages: Linguistic Systems and Cognitive Categories*, Amsterdam: John Benjamins, 59—81.

Stam, G. (1998). Changes in Patterns of thinking about motion with L2 acquisition. In S. Santi et al. (eds.), *Oralite et gestualite: communication multidodale interaction*. Paris: L' Harmattan, 615—619.

Stepanova Sachs, O. & Coley, J. (2006). Envy and jealousy in Russian and English: Labeling and conceptualization of emotions in monolinguals and bilinguals. In Pavlenko, A. (Ed.), *Bilingual minds: Emotional experience, expression, and representation*. Clevedon, UK: Multilingual Matters, 209—231.

Tai, J. HY. (1985). Temporal sequence and Chinese word order. In *Iconicity in Syntax: Proceedings of a Symposium on Iconicity in Syntax*, Amsterdam & Philadelphia: John Benjamins, 49—72.

Talmy, L. (1975a). Figure and ground in complex sentences. In *Proceedings of the First Annual Meeting of the Berkeley Linguistics Society*. Berkeley, Calif.: Berkeley Linguistics Society.

Talmy, L. (1975b). Semantics and syntax of motion. In John P. Kimball. (eds.) *Syntax and semantics* (Vol. 4), New York: Academic Press.

Talmy, L. (1972). *Semantic structures in English and Atsugewi*. University of California: Berkeley.

Talmy, L. (1978). Figure and Ground in Complex Sentences. In Greenberg, J. H. (ed.) *Universals in Human Language* (Vol. 4), 627—649. Standford: Standford University Press.

Talmy, L. (1983). How Language Structures Space, In Pink, H. & L. Acredolo (eds.) *Spatial Orientation: Theory, Research and Application*. New York: Plenum Press.

Talmy, L. (1988). Force dynamics in language and cognition. *Cognitive science* 12(1): 49—100.

Talmy, L. (2000). *Toward Cognitive Semantics*. Massatrusatte: MIT Press.

Taylor, I. (1971). How are words from two languages organized in bilinguals memory? *Canadian Journal of Psychology* 25(3): 228—240.

Taylor, I. (1976). Similarity between French and English words—A factor to be considered in Bilingual language behavior? *Journal of Psycholinguistic Research* 5: 85—94.

Thunholm, P. (2004). Decision-making style: habit, style or both? *Personality and individual differences* 36(4): 931—944.

Tohidian, I. (2009). Examining Linguistic Relativity Hypothesis as One of the Main Views on the Relationship between Language and Thought. *Journal of Psycholinguistics Research* 38: 65—74.

Tomczak, E. & Ewert, A. (2015). Real and fictive motion processing in Polish L2 users of English and monolinguals: Evidence for different conceptual representations. *Modern Language Journal* (99), Supplement: 49—65.

Tse, C. S. & Altarriba, J. (2008). Evidence against Linguistic Relativity in Chinese and English: A Case Study of spatial and Temporal Metaphors. *Journal of Cognition and Culture* (8): 335—357.

Ungerer, F. & Schmid, H. J. (2001). *An Introduction to Cognitive Linguistics*. Beijing: Foreign Language Teaching and Research Press.

Wallace, S. (1982). Figure and ground. In Hopper PJ (Ed.). *Tense-aspect: Between semantics and pragmatics* Amsterdam: John Benjamins, 201—223.

Ward, G. & Morris, R. (2005). Introduction to the psychology of planning. In Morris, R. (eds.) *The cognitive psychology of planning*, Hove (UK): Psychology Press, 1—34.

Weber, F. C. M. & Neville, H, J. (1999). Functional neural subsystems are differentially affected by delays I second language immersion: ERP and behavioral evidence in bilinguals. In Birdsong, D. (Ed.), *Second Language acquisition research*. Mahwah. NJ. USA: Lawrence Erlbaum Associates, Inc. Publishers, 23—38.

Weinreich, U. (1953). *Languages in contact*. New York: The Linguistics Circle of New York.

Wertheimer, M. (1923). *Laws of Organization in Perceptual Forms*. Retrieved on 2016, Jan. 1st, from http://psy.ed.asu.edu/~classics/Wertheimer/Forms/forms.htm.

Wertheimer, M. (1938). Gestalt theory. In Ellis, W. (ed.) *A Source Book of Gestalt Psychology*. London: Routledge and Kegan Paul Ltd.

Witkin, H. A. (1964). Origins of cognitive style. In C. Scheerer (ed.). *Cognition: Theory, research, promise*. New York: Harper & Row, 172—205.

Witkin, H. A. (1975). Some implications of research on cognitive style for problems of education. In J. M. Whitehead (Ed.). *Personality and learning*. London: Hodder & Stoughton, 288—314.

Witkin, H. A. & Goodenough, D. R. (1976). Field dependence revisited. *ETS Research Bulletin Series* (2): i—85.

高文成(2008),《英汉存在句认知对比研究》,武汉:武汉大学出版社。

宫同喜(2014),英汉语图形—背景语序比较研究,博士论文,上海:上海外国语大学。

桂诗春(1991),认知和语言,《外语教学与研究》,(3):3—9.

姜亮夫(1984),《古文字学》,杭州:浙江人民出版社。

刘宁生(1995),汉语偏正结构的认知基础及其在语序类型学上的意义（原载中国语文 1995 年第二期），束定芳编《语言的认知研究》，上海：上海外语教育出版社。

刘燕(2010)，英汉复合句语序差异的图形—背景理论阐释，博士论文，济南：山东大学。

吕叔湘(1956)，《中国文法要略》，北京：商务印书馆。

骆小平、萧立明(2002)，英汉语序对比与翻译，杨自俭编《英汉语比较与翻译》。

潘文国（1997)，《汉英语对比纲要》，北京：北京语言大学出版社。

潘文国(2006)，对比语言学的目标与范围，《外语与外语教学》，(1)：25—31。

沈家煊(1996)，英汉对比语法三题，《外语教学与研究》：(4)：8—13。

田运(1996)，《思维辞典》，杭州：浙江教育出版社。

王娟、张积家(2014)，启动语言对熟练汉－英双语者场景一致性判断的影响，《心理学报》，46(3)：331—340。

王娟、张积家、刘鸣、印丛(2011)，启动语言对熟练汉－英双语者场景知觉的影响，《外语教学与研究》，43(6)：850—863。

文秋芳(2013)，评析“概念型教学法”的理论与实践，《外语教学理论与实践》(2)：10—12。

文秋芳(2014)，“认知对比分析”的特点与应用，《外语教学理论与实践》(1)：1—5。

夏征农(1989)，《辞海》，上海：上海辞书出版社。

杨文星(2015)，汉英本族语者时间思维方式对语言加工的影响，博士论文，北京：北京外国语大学。

杨文星、文秋芳(2014)，汉语本族语者与英语本族语者思考时间的方式—对思维—语言关系的实证研究，《外语教学》，35(6)：45—49。

俞咏梅(1999)，论“在十处所”的语义功能和语序制约原则，《中国语文》，(1)：21—29。

张积家、刘丽虹、谭力海（2005)，语言关联性假设的研究新进展——新的证据与看法，《语言科学》4（3)：42—56。

张珂(2007)，英汉语存现构式的认知对比研究[D]，河南大学。

张克定(2007)，英语 there—结构的认知解释，《外语学刊》，(2)：81—85。

张克定(2009)，图形—背景论视角下的汉语存现构式，《外国语文》，(5)：8—12。

张璐(2002)，从东西南北谈汉英语语序所反映的认知过程，《语言研究》，(4)：11—18。

赵世开(1999a)，《汉英对比语法论集》，上海：上海外语教育出版社。

赵世开(1999b)，存在句与认知：英汉对比，《华文教学与研究》，(3)：28—32。

赵世开(2001)，基于认知的英汉对比，董燕萍，王初明编，《中国的语言学发展与研究》，上海：上海外语教育出版社。

附　录

附录 1　实验 1 和实验 3、4 任务 1 的实验指令

实验指导语

- 请通过点击图形，将页面左侧的两幅图合成一幅，放在页面右下角的空白处。
- 页面右上角的图形是最终合成的图形。
- 图像出现在屏幕中的时间有限(6 分钟)请您集中注意力，尽快完成任务。

Instruction

- Please form a new picture with the given in the left column through pointing at them.
- The picture you have formed should be the same as the one given in the top right area.
- The pictures will appear on the computer screen for limited time (6 seconds), so please finish the task as quickly as possible.

附录2 实验1和实验3、4任务1的实验材料

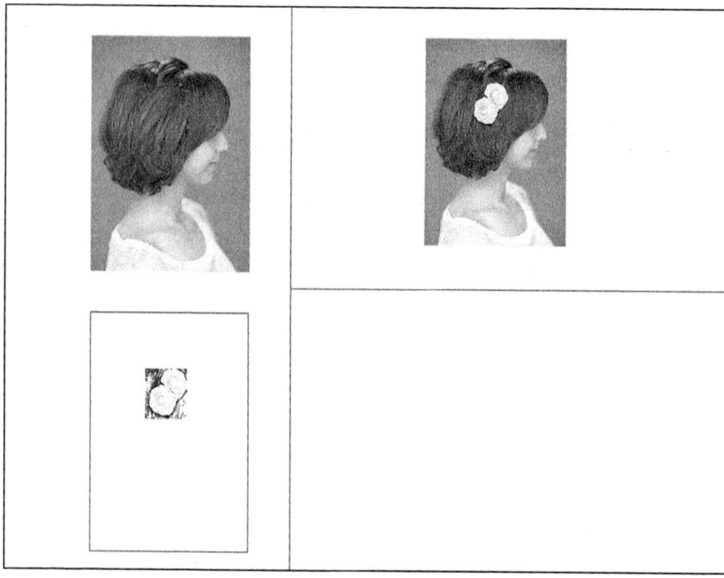

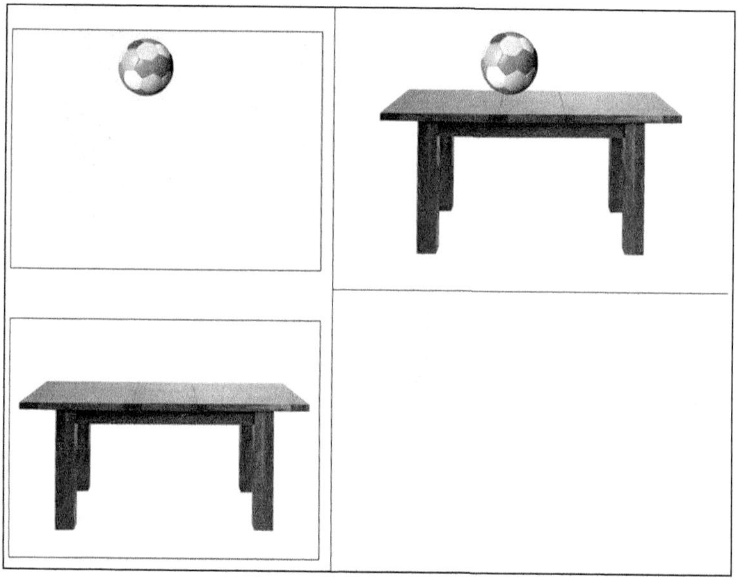

附录 3　实验 2 的指令

实验指导语

欢迎您参加我们的实验！

首先，电脑屏幕上将呈现一组图片，请仔细观看。播放完毕后，请判断句子是否准确描述了这组图片的内容。如果描述准确，请按"f"键，如果描述不准确，请按"j"键。每个判断页面呈现时间较短，请您集中注意力。

注意，判断页面："f"="正确"；"j"="错误"。

Instruction

Welcome to the experiment!

On the screen we will present a series of images. Please watch carefully and then decide whether the sentence in the next page is a correct description of the images or not.

Please press "f" if is correct, press "j" if is not correct.

i. e. "f"="true"; "j"="false"

附录 4　实验 2 任务 2 启动刺激举例

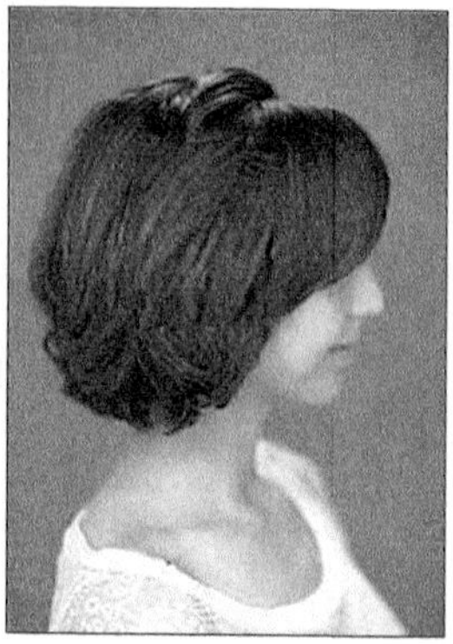

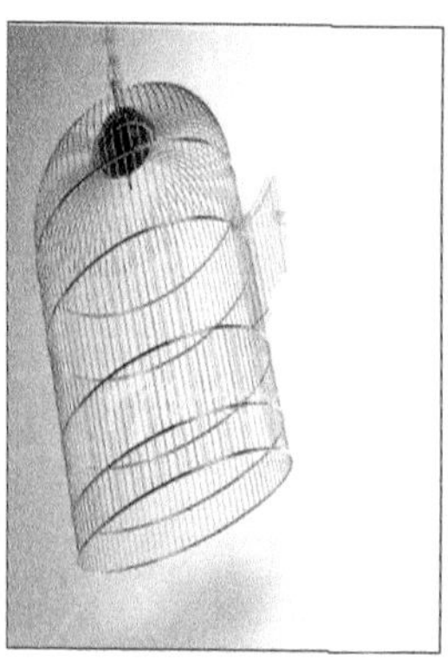

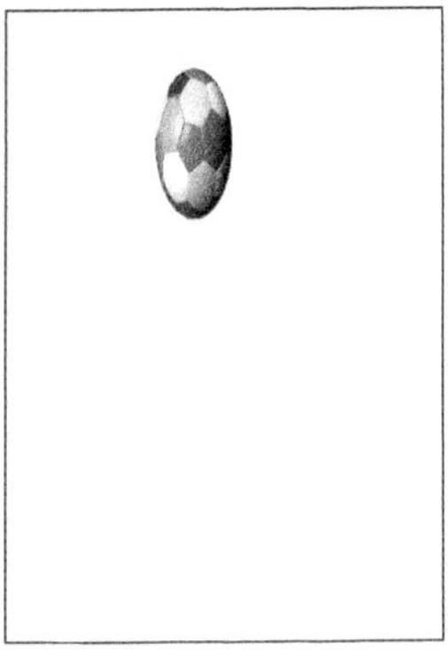

附录 5　实验 2 目标刺激举例

中文	英文
房子旁边有辆自行车。	There is a bicycle beside the house.
院子里跑出一群小孩儿。	There is a group of kids running out of the yard.
湖中有个亭子。	There is a pavilion in the lake.
山脚下有条河。	There is a river at the foot of the mountain.
山上有座庙。	There is a temple in the mountain.
房子旁边有辆汽车。	There is a car beside the house.
院子里跑出几条狗。	There are some dogs running out of the yard.
湖中有一条船。	There is a boat in the lake.
山脚下有一列火车。	There is a train at the foot of the mountain.
山上有只大老虎。	There is a huge tiger in the mountain.

附录 6 实验 3、4 任务 2 的指令

实验指导语

欢迎您参加我们的实验！

实验首先在电脑屏幕上播放一组图片，请仔细观看。

播放完毕后，请在接下来的两个页面上做判断。在接下来的第一个页面上请判断句子是否合乎逻辑。如果是，请按“f”键，如果不是，请按“j”键；然后在接下来的第二个页面上判断对图片内容的描述是否正确，如果正确，请按“f”键，如果不正确，请按“j”键。

两个判断页面：“f”=“正确”；“j”=“错误”。

Instruction

Welcome to the experiment!

On the screen we will present a series of images. Please watch carefully, decide whether the sentence in the next page is logical or not, and then decide whether the sentence in the page after next is a correct description of the images or not.

Please press “f” if is correct, press “j” if is not correct.

i. e. “f”=“true”; “j”=“false”.

附录 7　实验 3、4 任务 2 启动刺激举例

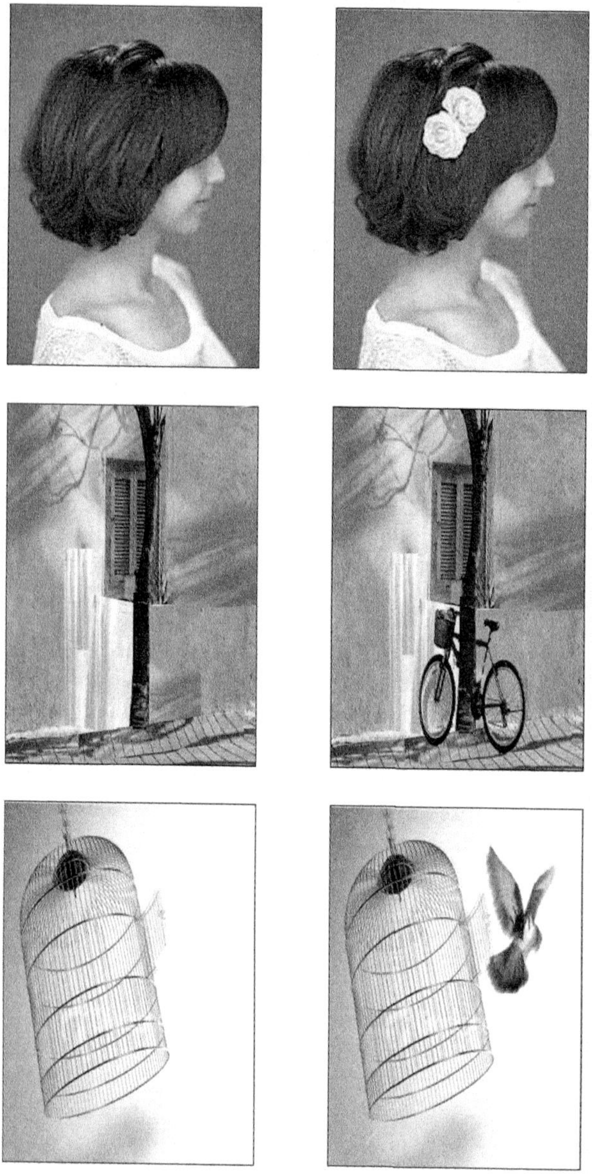

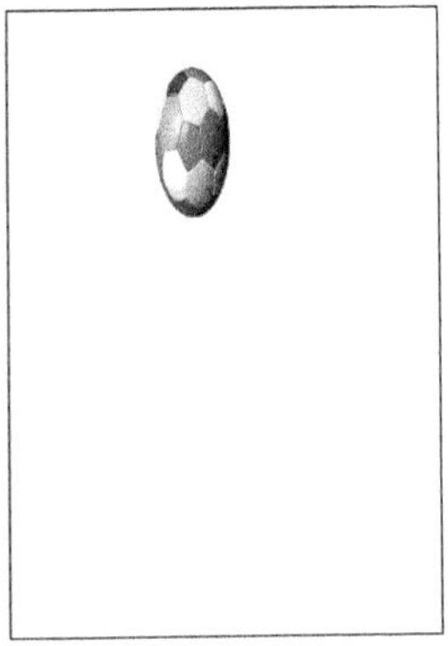

附录 8　实验 3、4 任务 2 目标刺激举例

语义合理性判断项	
中文	英文
墙上有一个相框。	There is a picture frame on the wall.
杯子里有一些香槟。	There is some champaign in the glass.
奶酪叮着一只小虫。	There is a small bug on the cheese.
广场上有一面旗。	There is a flag in the square.
橱柜里有一个碗。	There is a bowl in the cupboard.
树下有一座大山。	There is an enormous mountain under the tree.
河里有一个大海。	There is a sea in the river.
地上放着一朵白云。	There is a piece of cloud on the ground.
床下有一个岛屿。	There is an island under the bed.
山上有很多米饭。	There is a lot of rice on the mountain.
内容正确性判断项	
中文	英文
花是红色的。	The flower is red.
屋顶是红色的。	The roof is red.
树叶是绿色的。	The leaves are green.
庙是白色的。	The temple is white.
球是黑色的。	The ball is black.

附录 9 实验 1 原始数据

每套测试中按从背景到图形次序排列频次	汉语单语组（共 31 位）		英语本族语组（共 31 位）	
	百分比		百分比	
0			3	10%
1			1	3.22%
2			4	12.9%
3				
4			4	12.9%
5			5	16.12%
6			5	16.12%
7			1	3.22%
8	2	6.45%	5	16.12%
9	10	32.25%	1	3.22%
10	19	61.29%	2	6.45%
总计	31	100%	31	100%

附录 10　实验 3、4 任务 1 原始数据

每套测试中按从背景到图形次序排列频次	英语水平 1 组（共 31 位）		英语水平 2 组（共 30 位）		英语本族语组（共 31 位）	
	百分比		百分比		百分比	
0			1	3.22%	3	10%
1					1	3.22%
2			1	3.22%		
3			1		6	19.35%
4				3.22%		
5			1	3.22%	5	16.12%
6				10%		
7	5	16.12%	3		12	38.71%
8	5	16.12%	6	20%		
9	11	35.48%	8	26.67%	2	6.45%
10	10	32.25%	9	30%	2	6.45%
总计	31	100%	30	100%	31	100%

附录 11　实验 1 实验项目随机排序软件

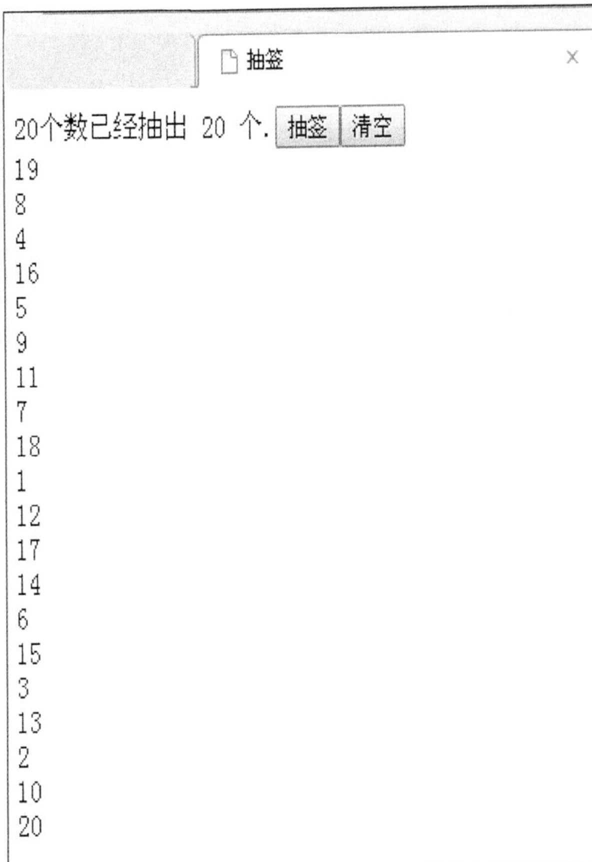

附录 12 实验 2、3、4 实验项目随机排序软件

附录 13　本研究反应时数据提取及分析软件界面

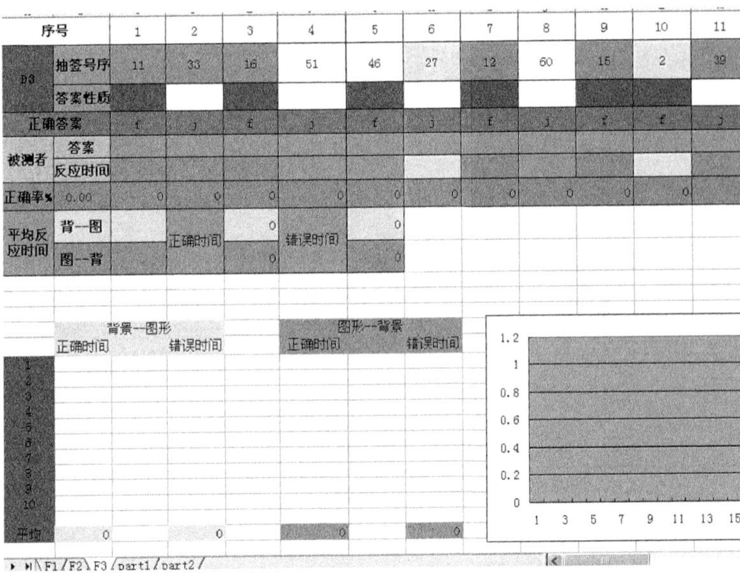

附录 14　实验 4 任务 2 汉语组前期研究数据

汉语单语组有效数据 676 项。结果见下表。反应时的独立样本 t 检验结果显示，两种不同概念启动对汉语本族语组语言在线理解反应时产生显著影响($t=-7.03$，$df=674$，$p<0.05$)：背景到图形启动条件下英语初级学习者语言在线理解反应时显著快于图形到背景启动条件下的反应时(MD＝－696.67)。

汉语本族语组不同概念启动下反应时差异

	背景到图形(GF)($n=338$)		图形到背景(FG)($n=338$)		MD	$t(674)$
	M	SD	M	SD		
反应时间	2919.61	1096.73	3616.28	1454.35	－696.67	－7.03

注：$p<0.05$。

英语水平较高的汉语本族语组(英语水平 2 组)有效数据 590 项。结果见下表。反应时的独立样本 t 检验结果显示，两种不同概念启动对英语水平 2 汉语本族语受试的母语在线理解反应时，产生显著影响($t=-5.3$，$df=588$，$p<0.05$)：背景到图形启动条件下英语水平 2 汉语本族语受试语言在线理解反应时显著快于图形到背景启动条件下的反应时(MD＝－355.25)。

英语水平较高的汉语本族语组不同概念启动下反应时差异

	背景到图形(GF)($n=295$)		图形到背景(FG)($n=295$)		MD	$t(588)$
	M	SD	M	SD		
反应时间	1783.74	697.06	2138.99	915.16	－355.25	－5.3

注：$p<0.05$。